eye.
守望者

—

到灯塔去

［美］汉娜·阿伦特 著
［德］乌苏拉·卢茨 编
高原 译

我想理解
汉娜·阿伦特访谈与书信

Ich will verstehen
Selbstauskünfte zu Leben und Werk

南京大学出版社

ICH WILL VERSTEHEN by Hannah Arendt and Ursula Ludz
Copyright I © 1996, Piper Verlag GmbH, München
Copyright II © 1976, Piper Verlag GmbH, München
Published by arrangement with Georges Borchardt, Inc.
through Bardon-Chinese Media Agency

Simplified Chinese translation copyright © 2024
by Nanjing University Press Co., Ltd.
ALL RIGHTS RESERVED

江苏省版权局著作权合同登记图字:10-2022-63

图书在版编目(CIP)数据

我想理解:汉娜·阿伦特访谈与书信 /(美)汉娜·阿伦特著;(德)乌苏拉·卢茨编;高原译. -- 南京:南京大学出版社,2024.9. -- ISBN 978-7-305-28291-1

Ⅰ. K837.125.1

中国国家版本馆 CIP 数据核字第 2024TT8058 号

出版发行	南京大学出版社		
社　　址	南京市汉口路 22 号	邮　编	210093

WO XIANG LIJIE: HANNA ALUNTE FANGTAN YU SHUXIN
书　　名	我想理解:汉娜·阿伦特访谈与书信
著　　者	[美]汉娜·阿伦特
编　　者	[德]乌苏拉·卢茨
译　　者	高　原
责任编辑	顾舜若
照　　排	南京紫藤制版印务中心
印　　刷	南京爱德印刷有限公司
开　　本	787mm×1092mm　1/32　印张 12.125　字数 175 千
版　　次	2024 年 9 月第 1 版　2024 年 9 月第 1 次印刷
ISBN	978-7-305-28291-1
定　　价	72.00 元

网　　址:http://www.njupco.com
官方微博:http://weibo.com/njupco
官方微信:njupress
销售热线:(025)83594756

* 版权所有,侵权必究
* 凡购买南大版图书,如有印装质量问题,请与所购
　图书销售部门联系调换

目　录

001　序
027　2005年新版序
030　年表

第一部分　针对个人和作品的问答
041　致格哈德·肖勒姆的信
052　与蒂洛·科赫的电视访谈
062　与君特·高斯的电视访谈
108　在多伦多与友人和同事的讨论
169　与罗杰·埃雷拉的电视访谈

第二部分　与卡尔和格特鲁德·雅斯贝尔斯的交流

199　关于个人生平
300　关于犹太身份
314　关于个人作品
354　关于生活主题

364　版权来源
365　人名对照表

序

汉娜·阿伦特曾是何人,今又如何?——很多人会这样提问,他们当中有些人已经关注阿伦特许久,另一些人是新近对阿伦特产生了好奇,他们都期待通过阅读来找到答案,这本小书是为这些新知故交准备的。本书试着让汉娜·阿伦特来介绍她自己。

汉娜·阿伦特从未写过自传,也从未留下过相关记述,的确,她对自传的兴趣很淡漠。此外,她从未召集学生组建师门,更不要说开宗立派。① 而且她很惧怕给自

---

① 对此她明确表示过:"我不想灌输。"(若无特殊说明,本书序言部分与第一部分的脚注均为编者注。)

己打造公共形象。尽管如此,我们对她的生平和作品还是知晓甚多——今天比她生前了解更多。最早的信息源是伊丽莎白·扬-布鲁尔1981年在美国出版的详细传记,题为《爱这个世界》,此书1986年在德国出版,直至今日仍然是研究阿伦特的重要参考资料。[1] 此外,阿伦特与卡尔和格特鲁德·雅斯贝尔斯夫妇的信件往来于1985年在德国出版,后于1992年在美国发行,这也是一份独特的记录,后续又有许多信件被公开。[2] 这些信件不仅展现了阿伦特的人生际遇、个人哲学观和时局(政治)观,且信件的风格和内容各不相同,也可以让读者大致了解阿伦特的个性。另外,熟知阿伦特的读者已经达成共识,即人们在解读阿伦特的作品时——尤其是在解读《拉赫尔·瓦恩哈根:浪漫主义时期一名德国犹太女性的生平》(*Rahel Varnhagen: Lebensgeschichte einerdeutschen Jüdin aus der Romantik*)一书和《黑暗时代的人

---

[1] Elisabeth Young-Bruehl, *Hannah Arendt: For Love of the World*, New Haven-London: Yale University Press, 1982; dt. (übers. von Hans GünterHoll), *Hannah Arendt: Leben, Werk und Zeit*, Frankfurt/M.: Fischer, 1986.
[2] 参见《2005年新版序》。

们》(*Menschen in finsteren Zeiten*)一书中罗列的群像时——可以从中回溯到作家本人并得出丰富的见解。换而言之,她的作品可被视为间接的自传式证言。二手文献已是汗牛充栋,许多研究都涵盖了传记般的细节和作品梳理。本书初版正值阿伦特九十岁诞辰,同年,六部关于阿伦特作品的导读在德国出版。[1] 这一数字还在持续增长[2],以至于给这些导读出一本导读也是很明智的,尤其是相关出版物涉及多种语言。

---

① Delbert Barley, *Hannah Arendt: Einführung in ihr Werk*, Freiburg-München: Alber, 1990; Heiner Bielefeldt, *Wiedergewinnung des Politischen: Eine Einführung in Hannah Arendts politisches Denken*, Würzburg: Königshausen und Neumann, 1993; Karl-Heinz Breier, *Hannah Arendt zur Einführung*, Hamburg: Junius, 1992; Wolfgang Heuer, *Hannah Arendt mit Selbstzeugnissen und Bilddokumenten* (rowohlts monographie 379), Hamburg 1987, 7. Aufl., 2004; Ingeborg Nordmann, *Hannah Arendt* (Campus Einführungen, 1081), Frankfurt-New York 1994; Siegbert Wolf, *Hannah Arendt: Einführungen in ihr Werk*, Frankfurt/M.: Haag und Herchen, 1991.

② 过去十年中介绍阿伦特生活和作品的德语书作者(括号内为首次出版年份)有:Hauke Brunkhorst(1999)、Ingeborg Gleichauf(2000)、Antonia Grunenberg(2003)、Julia Kristeva(2001)、Alois Prinz(1998)、Kurt Sontheimer(2005)、Annette Vowinkel(2004)。

随着阿伦特名声愈盛,且人们从她的全集中挖掘出的一些论点和引文也被"升级"为公共讨论中的滥调陈词,阿伦特的原著日渐蒙尘,她的形象也越来越空泛化(毁誉皆是如此)。"真正的"阿伦特对普罗大众来说是陌生的,且我们可以这么说,当前对阿伦特的误读要多于真知。为了阻挡这一趋势,本书回顾了汉娜·阿伦特如何看待自己,如何看待她实际上写下的内容。本书的两部分是阿伦特对自己生活和作品的披露。

第一部分的开篇是那封写给格肖姆·肖勒姆(汉娜·阿伦特一生都称他为"格哈德")的著名信件,阿伦特在信中回应了肖勒姆对她个人和政治立场的批评,其简洁和果决都无与伦比,因而展现出关于阿伦特本人的一些基本问题。其后是三次电视访谈——阿伦特总共接受了五次采访,她生前曾表示这三次是最重要的。其中与君特·高斯和与蒂洛·科赫的对谈(两次均在1964年)是再版,而与罗杰·埃雷拉的对谈(1973年)则是首版。此外,本书还收录了阿伦特1972年11月在多伦多公开会谈中的自我披露,由梅尔文·希尔以《论汉娜·阿伦特》为题汇编,这是首次呈现给德国读者。所有这些文件都出自汉娜·阿伦特生命中的一个阶段,当时她因为对阿道夫·艾希曼的"报道"而受到公众抨击,不得不公开为自己辩解,展示自我,让自己的论述被理解,并且——在她认为必要的范围内——为自己辩护。

相比之下,第二部分所选的信件是她自愿——与"亲爱的最尊敬的人"(这是信中仪式化的、略带讽刺又欢快的称谓)和他的妻子格特鲁德——的沟通交流。不仅她自愿的出发点很重要,而且另一个事实也很重要,即她能和她敬仰的人、后来的挚友进行沟通,从1961年开始,称谓甚至换成了亲切的"您"。汉娜·阿伦特"讲述"了她自己,讲述了她一些人生阶段的生活和工作——比如早期她刚刚完成博士学业之时,她"在世界大火之后"横渡重洋之时,她进入自己的"欧洲家园"之时。这里无法记录她与雅斯贝尔斯夫妇关系的发展脉络,他们自1948年起就一直生活在巴塞尔,但阿伦特信件中的两段引文隐隐显现出他们交往的轮廓。她在1957年11月18日写给卡尔·雅斯贝尔斯的信中说:"当我年轻时,您是唯一教养我的人。当我战后以成年人的身份再次找到您并且与您建立友谊时,您令我的生活得以延续。而今我把巴塞尔的房子当成了家。"十年后——格特鲁德·雅斯贝尔斯寄来照片,汉娜·阿伦特和她的丈夫海因里希·布吕赫一起看了这些照片:"照片送来时,我们俩几乎异口同声道,我们真想坐下一班飞机回到我们真正属于的地方。这份友谊是多么宝贵的礼物啊!"

汉娜·阿伦特在庞多而复杂的通信①中讲述了自己的人生,此部分从中选取了一些内容。从信的时间顺序来说,节选的是1930年到1968年间的通信。同时,此处重印的内容还包括(相当完整的)阿伦特对自己的犹太身份和普遍的犹太人身份的思考,她对自己那本关于拉赫尔·瓦恩哈根的著作的阐释,她关于极权统治的不朽之作,以及她关于艾希曼在耶路撒冷受审的报道。此部分最后选取了阿伦特对普通生活主题的一些反思。

从本书结构不难看出,本书建议人们在研究汉娜·阿伦特的作品、生活和个人时,将她本人的著作和言论置于中心。"我想理解",这句话既简单又有丰富的内涵,它能帮助我们找到方向——毕竟我们不应在字面上简单理解

---

① 详见洛特·科勒与汉斯·萨讷主编的书信集的前言。

序

"没有扶手的思考"。这句话可以帮助我们更清楚地理解阿伦特哲思的基本动机和她对周围世界的基本态度。①

"我想理解"这句话出自1964年10月记者君特·高斯与汉娜·阿伦特的著名电视谈话。当时她到欧洲是为了完成今天所谓的"宣发之旅"。应出版商克劳斯·皮珀的要求,她要亲自向德国公众介绍《艾希曼在耶路撒冷》(*Eichmann in Jerusalem*)一书——某种程度上,她本人也想这样做。如高斯所言,这一行动的目的显然是要产生"广泛的影响"。我们也不能否认,阿伦特意识到了这一点——在给卡尔·雅斯贝尔斯的信中(1964年5月14日),她谈到了皮珀的"伟大宣传理念"。但是当提问的记者要提升讨论层次时,她并没有配合。她回避了这个问题,回归本质:"让我自己发挥影响力?不,我想理解。而当其他人在与我的理解的相同的意义上理解,那就给了我一种像家一样的满足感。"她之前已经说过:"您知道

---

① 以下关于阿伦特的"我想理解"的讨论与我的演讲《理解意味着保持活跃:汉娜·阿伦特个人哲学的评注》有部分重合,这是我在"汉娜·阿伦特:政治条件的哲学阐释"研讨会上的发言,1995年4月7日在克莱蒙费朗举办。会议举办方是国际哲学协会(巴黎)、布鲁塞尔自由大学和克莱蒙托斯政治哲学协会。

吗？这对我来说至关重要：我必须理解。对我来说，写作也是这种理解的一部分。写作是理解过程的一部分，对吗？"而在访谈的后半部分，当高斯问到她的职业生涯时，她做了如下回应："不知为何，这对我来说是个问题：我要么研究哲学，要么投水自尽。但这并不是因为我不热爱生活！不是的！我之前就说过——我必须理解。"

的确，想要理解和必须理解指引着汉娜·阿伦特的所有工作。她将博士论文《奥古斯丁的爱的概念》(*Der Liebesbegriff bei Augustin*)定性为"理解式的阐释"。在《拉赫尔》一书中，她用别的话语表达了同样的意图。阿伦特在序言中写了她感兴趣的内容，拉赫尔自己原本要如何"讲述"，那她就"这样复述拉赫尔的人生故事"。作者汉娜·阿伦特想讲述拉赫尔本人未曾讲过的一个故事；她深入研究这个人生故事，以便"复"述它。正如她向雅斯贝尔斯解释的，对她来说具有决定性意义的是拉赫尔本人"所掌握的范畴，且她在某种程度上认同这些范畴"。但是这种情况下可能会忽略"对拉赫尔的'道德问题的评价'"，她并未回避这一点。其中有一种意图，可以用理解这一概念来论述。同时，阿伦特式理解的存在维度在《拉赫尔》一书中得到了呼应。她在一处提道,越多人"理解"拉赫尔,"她(拉赫尔)就越真实"。

之后,汉娜·阿伦特在《极权主义的起源》(*The Origins of Totalitarianism*)一书英文首版序中第一次更准确地定义了"理解"(comprehension)真实现象和"现实"对她来说意味着什么,或者不意味着什么,而这里的"理解"指的是"明白"(understanding)和德语中的"理解"(Verstehen)。具有决定性意义的一点是:"理解并不意味着否认离谱的东西,从已存在的东西中推导出尚未存在的东西,或者用类比和概括的方式来解释现象,以使人们不再感受到现实的冲击和经验的震撼。相反,理解意味着审视并有意识地承担我们这个世纪强加给我们的负担——并且是以一种既不否认其存在,也不在其重压下沉沦的方式来这样做。简而言之,理解就是以不偏不倚和专注的方式面对并抵制现实,无论它看起来是什么样子。"①

---

① »Preface to the First Edition« (1950), in *The Origins of Totalitarianism*.

随后,《极权主义》①一书的理论探讨部分全面阐释了理解问题,1953年的《理解与政治》(»Understanding and Politics«)一文就是佐证。我们可以假设,自从杰罗姆·科恩主编的汉娜·阿伦特"未发表和未收录的作品"第一卷出版以来,阿伦特在发表这篇文章时已经对与极权主义现象有关的"理解的困难"②进行了长时间的思考。文中也能明显看出对这一主题的密切关注。(汉娜·阿伦特的"英文")译者和编辑(们?)似乎也影响了最终出品。汉娜·阿伦特本人可能也意识到这一点,《理解与政治》已经成为一篇奇特的发散式文章。

尽管如此,我认为这篇文章中关于理解的论述不应该被搁置,而应该被认真对待。按照已面世的《理解与政

---

① 原文中的书名有时写的是全称,有时写的是简称。中译遵循原文。其他书名的翻译情况与此相同,不再注明。——译注
② 见杰罗姆·科恩编辑的《理解与政治》,以及科恩从遗作中整理出的手稿《论极权主义的性质:一篇理解的文章》(»On the Nature of Totalitarianism: An Essay in Understanding«),两篇文章都收录于 *Essays in Understanding, 1930–1954*, S. 307ff. resp. 328ff.;还有科恩为该书所作的导言,S. XIX f.。

治》一文的顺序,其主要论点如下。①

1. 理解是"一种永无止境的行为,通过这种行为,我们在不断的修改与变化中掌握并调和自己与现实的关系,也就是说,通过这种行为,我们试图在这个世界上安家"(第110页)。

2. "理解是非终结的,因此不能产生任何最终结果。"(第110页)

3. 理解"是人类生存的具体方式,因为每个人都必须与他作为一个陌生人而出生的世界和解,且在可明确定义的独特范围内,他将永远是一个陌生人。理解从出生开始,以死亡结束"(第110页)。

4. "理解的结果是意义,只要我们试图让自己同我们所做的与所遭受的和解,那么我们在单纯的生活过程中就创造了意义。"(第111页)

5. "知晓和理解不是一回事,但它们是有联系的。理解是以知晓为基础的,而没有事先模糊的理解,也就无法

---

① 页码来自德语版本:»Verstehen und Politik« in *Zwischen Vergangenheit und Zukunft*, S. 110 bis 127。

知晓。"(第 113 页)

最后,理解可通过"理解中的心"来解释,《圣经》中的所罗门王说这是"一个人可以获得并希冀的最大礼物",并祈祷自己得到。与"理解中的心"相联系的是"想象的能力"(第 126 页)。因此,最终论点是——

6."真正的理解不会在无限的对话和循环推理中疲于奔命,因为它相信想象力至少能感知到永远令人生畏的真理之光的轮廓。"(从第 126 页起)

假设我们人类即"每一个人"都需要理解的对谈,都有想象的力量:"这种想象力实际上就是理解,如果没有它,那我们就永远不能在这个世界上找到方向。它是我们唯一拥有的内在指南针。"(第 127 页[1])

这些论点的权威性无可撼动,它们不是通过思考推导出来的,而且没有可参考的哲学史依据。它们大多是(原始词义而非贬义上的)套话一样的论述。而其他的就像出自一本阐释学的教科书,但仍然不能令人满意,因为它们没有与情境结合,也没有被问题化。此外,理解和知晓之

---

[1] 参见 *Essays in Understanding*, S. 327, Anm. 22。

间的区别呼应了阿伦特的一个基本哲学立场：知性(intellect)和理性(reason)。当然，提到与现实的和解一定会让人想到黑格尔，但这样的联想容易让人误入歧途。

关于理解的论述基于对现实的特定设想。阿伦特从未明确表露过这一点；这对她来说显然是不言自明的。她年轻时就坚信这点。题为《阴影》(»Schatten«)的文章可证明这一点，它在阿伦特研究中受到了太多的片面关注——因为结尾处的"致 M. H."。的确，这篇文章是汉娜·阿伦特在与马丁·海德格尔保持恋爱关系时所写，而非之后，更可以说是在恋爱初期，即 1925 年春假期间——这是一个构思的文本，而不是以日记或书信进行的倾诉或交流。这是一份文件，阿伦特向情人吐露自己的情况，而不是分析这种关系。这是一个年轻女孩所写的独立自信的文本，讲的是她艰难地厘清与自己、与周围"世界"的关系。①

---

① 在国会图书馆的阿伦特遗作中，《阴影》有两个版本的手稿：打字机版本(可能是当时的)和誊抄过的手写版本，后者装订成册，题为《阴影》。未经管理委员会批准的(不完整)重印本出现于：Elfriede Jelinek, *Totenauberg: Ein Stück*。

在阿伦特早期的个人文档及后来关于理解的论文中,现实都被感知、想象成一种对应物。个体必须面对现实,直视现实。但个体也可以对现实进行个体化的处理。如果把这些排列在一个连续体上,一端是意味着和解的理解,另一端则是反叛(而非革命!),但也有认命(即确信一切有终)。基本情况就是要来一场战斗,只有对现实持开放态度的人才能赢,他们态度鲜明,即"专注地直视"和"重新站起来"。

现实不仅是一个紧凑的对应物,它也具有时间性,可以被分为过去、现在和未来。后来,阿伦特在这个反思层面上引入了战斗(Kampf)的概念——借助于弗兰兹·卡夫卡的寓言《他》(»Er«)。[1] 人们可以说,她在这方面的思考与卡尔·雅斯贝尔斯在其《逻辑学》(*Logik*)中的要求是一致的:"这取决于当下完全的在场。"阿伦特在 1950 年 7 月 11 日的信中请求雅斯贝尔斯允许她将这句话——连同"既不受制于过去,也不受制于未来"的决心——作为《极权主义》一书的格言,这句话"直击(她的)

---

[1] 见»The Gap Between Past and Future« in *Between Past and Future*, dt. S. 13ff.; *Vom Leben des Geistes*, Bd. 1, S. 198ff.。

内心"。

"这取决于当下完全的在场"并不意味着：这取决于适应当下。相反，人们必须忍受过去和未来之间的紧张关系。因此，与世界的和解或调和不应该被理解为要替个体争取一种"完全舒适的在家"①的状态，个体仍然是一个"陌生人"。诚然，"家的感觉"可以通过理解来实现，但理解也可以说是"永无止境的"，因此，通过理解而成为家的地方并不是一个明确固定的地方，不是一劳永逸的。理解是一种行为，它首先构建了"在这个世界上的家"（In-der-Welt-zu-Hause-Sein），或者说，为了一次又一次让自己重新适应这个世界，人们需要这一行为。因此，汉娜·阿伦特的思想有一个动态的组成部分，换言之，她坚信"偶然事件在我们的世界中的意义"（J. 格伦·格雷语）。

---

① 参见 Hannah Arendt, *The Life of the Mind*, Bd. 2, S. 158："我不相信有这样一个世界，无论是过去的世界还是未来的世界，在这个世界里，人用精神来装备自己是为了退出表象的世界，人可以或应该舒适地待在家里的这样一个世界是不存在的。"转引自 J. Glenn Gray, »The Abyss of Freedom-and Hannah Arendt«, in *Hannah Arendt: The Recovery of the Public World*, hrsg. von Melvyn Hill, New York: St. Martin's, 1979, S. 225-244, S. 242。

除了以上关于理解的一般论述,《理解与政治》一文还包含了关于"理解极权主义"这一主题的具体陈述。汉娜·阿伦特把这篇文章置于一个问题之下,即人们是否可以在不了解极权主义的情况下与之战斗。与这一背景相关的问题是,人们是否会因为理解而过度卷入要反对的东西,高估它的价值,因而可能会与原本设定的目标背道而驰,理解是否会弱化战斗的道德。只有文章的导言提及这个背景问题。不过,当时的另一篇文章更详细地论述了这个问题:汉娜·阿伦特如何回应埃里克·沃格林对《极权主义的起源》一书的批评。

汉娜·阿伦特写道,她的主要问题是"如何从历史视角书写极权主义,我不想保留它,相反,我觉得有必要破坏它",她为自己所选的方法和表述方式进行了辩解。在这个论证过程中,她进一步说明了理解之于她的含义。

阿伦特在给埃里克·沃格林的"答复"中提出了"理解的问题",历史学自创始以来就一直饱受这一问题的困扰。在汉娜·阿伦特看来,"理解的问题"基本上是探讨什么是历史学家眼中的历史,以及如何能够"客观地"描述或讲述历史。从历史研究的方法论传统来看,阿伦特认为极权主义的表述面临两个主要问题。一方面,阿伦特写这本书时,极权主义的历史还没有走到尽头(情况是否如此还有待观察)。阿伦特认为,这就是为什么反对极权主义的斗争必须有理解相伴随。她就这一点增加了一个重要的从句:"这样它才能超越一场单纯的生存之战。"[1]也就是说,人们意识到除了纯粹的物质生存外,精神生存也处于危险之中,除了"动物式"生存外,"人类式"生存也处于危险之中。

另一方面,极权主义的出现"揭示了我们思想范畴和判断标准的毁灭"[2],所有理解的努力都遭受打击。在阿伦特看来,几个世纪以来在历史学中形成的理解已经无法应对这种"新"了。她的论断是,政治学在这方面处于更幸运的起始状态。[3] 此处忽略了相关争论。对这一论断来说,重要的是其中或多或少顺带提到了理解。

阿伦特坚持认为,她想把极权主义描述为一种不是发生在"月球上",而是发生在"人类社会中间"的现象。

---

[1] »Verstehen und Politik«, S. 113.
[2] »Verstehen und Politik«, S. 122.
[3] »Verstehen und Politik«, S. 124.

但在这种意图下,收集事实只是为了描述真实的东西,这种显而易见的假设也就失去了意义。因为正如阿伦特先前所写[1],她的意思是站在纯粹的事实的基础上,她承认现实是"必要的和不可毁灭的"。她关注的是把握"实际上发生的事情的特殊性"——理解在此处起着决定性的作用。

理解以语言为导向标记。极权主义这个新词使经验具体化,其中表达出了"事先的理解"(vorgängiges Verstehen)。这个新词启动了"真正的理解"的过程。[2] 换而言之,实际的理解是与这个新词相联系的。对于理解之人来说,重要的是找出在这个词中澄清的新事物是什么,以及它与已知事物的关系如何。这意味着实际的理解不是在"赤裸裸的"、已经历的事实的层面上运作,而是在一个——如果人们愿意的话——更高的层面上运作,在任何情况下都区别于纯粹的事实世界。在"事先的理解"意义上的心理加工完成之后,理解才发生,而且它仍与之前的经验和思想相联系。因为,为了体验并描述一种"新"

---

[1] »Zueignung an Karl Jaspers«,1976 年再版, S. 8。

[2] »Verstehen und Politik«, S. 115.

的东西，人们需要语言中已经存在而现在变"旧"的另一种东西。换句话说，阿伦特和许多人文学科的学者都赞同这种观点，即几个世纪以来，人们的思考和语言中流传下来的思想都是被理解的东西，是一种自成一体的现实。

因此，阿伦特援引孟德斯鸠来"描述"极权主义的"特殊性"。人们在这里必须同样谨慎。援引孟德斯鸠并不是因为他预见了极权统治，而是因为他把身处时代的经验和观察浓缩成有助于理解极权主义的洞察力。他的统治形式学说为阿伦特提供了决定性的观点，使她能够理解极权统治是"史无前例的"，是前所未有的，是20世纪的新产物。阿伦特在《理解与政治》一文中才暗示了这种想法；在大约同时期的《意识形态与恐怖》(»Ideologie und Terror«)一文中，这一思路得到了充分发展。

这里插句题外话，这种理解方式后来促使阿伦特抛却了一切方法论和方法上的顾虑，把她的书称为"报道"，她渴望并需要理解阿道夫·艾希曼和耶路撒冷审判，并把它限定为"关于平庸的恶"的报道。"平庸的恶"是在经历的层面上；只有当人们对所发生之事的看法与实际上经历此事的人不同时，这才有可能。

在《理解与政治》面世后,"理解"——这个自我反思的密码和方法论的概念——被阿伦特弃置。但她的思想世界中仍有许多与之相关的论述。因此,当我们想到她写下的关于"思考""判断"和"叙述"的内容时,就能更深入地阐明阿伦特关于理解的观点。而她个人所关切的对理解的愿望和需要也一直延续。例如,她在《论积极生活》(*Vita activa*)①和《精神生活》(*Vom Leben des Geistes*)中提出"当我们行动时,我们做什么?"和"当我们思考时,我们做什么?"这两个问题,都是源于对理解的愿望和需要。

因此我们必须发问:在阿伦特确定了积极生活(Vita activa)和沉思生活(Vita contemplativa)之间的基本区别后②,理解在她的后期作品中处于何种位置?有一处自

---

① 此书中译本书名《人的境况》是按照英文版书名 *The Human Condition* 译出的。——译注
② 在《论积极生活》中,阿伦特用积极生活这个词来表示三种根本性的人类活动:劳动(labor)、工作(work)和行动(action)。这三者是根本性的,它们每一个都对应于人在地球上被给定的生活的一种基本境况,无法摆脱,它们分别对应着自然、世界、公共领域的三种空间形式。西方哲学一直较为推崇沉思生活。而阿伦特认为,一个人想要获得生命的意义,必须与他人分享这个世界,并在这个世界中积极行动。她回溯古希腊传统,探讨人应该如何生活,如何通过自己的行动避免极权主义的产生。——译注

我剖白可以启示我们:"好吧,我承认一件事。我想承认,我——当然——主要对理解感兴趣。这绝对是正确的。而且我承认,还有一些人主要对行动感兴趣。但对我来说不是这样。我即使不做什么也可以很好地活着。但如果我不能起码试着理解所发生的事情——无论这事情是什么——那我就活不下去。"①

如果理解与行动是相对的,那么阿伦特显然将自己置于旁观者的位置——尽管是一个积极的(而非被动接受的)旁观者——毫无疑问,理解会进入思考的边缘,即沉思生活。事实上,我们已经听到了关于理解的表述,这些说法表明,即便理解与思考不具备同一性,二者也有亲缘关系:理解是一种"无止境的行为"!但我们不应忽视细微的差异。理解和思考:两者自然都是"无止境的"行为。只要人还活着,他就会思考并寻求理解。然而,思考在另一种意义上是"无止境的",也就是说它不知道"结束",根本不知道"结果",即它完全缺乏目的-手段的维

---

① »Diskussion mit Freunden und Kollegen in Toronto (November 1972)«.

度。另外,阿伦特只是声称理解并不产生任何"最终结果"。但理解可以产生"结果",创造与世界和解的时刻:"理解的结果是意义……"前文已经引用了这段话,我在这里可以补充一句,从这个角度来看,理解相较于思考来说更接近行动。

假设"所有行动,特别是政治行动的本质都是为了创造一个新的开始",那么理解可以被看作"行动的另一面"。① 换言之,理解和行动是一个世界里的行为,在这个世界里,而非在它之外的思想家和思考的王国。

判断的人也以这个世界为家,理解和判断之间存在着联系。阿伦特在《理解与政治》一文中暗示了这一点,她问道:"难道理解和判断不是密切相关吗?"②但她并没有回答这个问题,她后来在阅读康德的《判断力批判》(*Kritik der Urteilskraft*)时获得了对判断的见解,而理解的概念在这个过程中没有发挥什么重要作用。虽然对理解的渴望和需求继续启迪阿伦特处理自己作品中提出

---

① »Verstehen und Politik«, S. 125.

② »Verstehen und Politik«, S. 116.

的问题，但是——与判断不同——理解并没有成为进一步反思的对象。

不仅理解和判断需要"与现实和解"这一隐喻，在某种意义上行动也需要它，这个隐喻在某种程度上通过另一个词得到澄清。我们要说的是"叙述"这个词，即"讲故事"。1968年，阿伦特在描述健谈的讲故事的女人伊萨克·迪内森时写道："这是真的：讲故事揭示了意义，而且没有犯给意义命名的错误；讲故事促成了与事物真实情况的一致及调和，我们甚至可以相信，我们在末日审判时所期待的最终一言就隐含在其中。"[①]

之前说"理解的结果是意义"，现在又说"讲故事揭示了意义"。个中差异似乎微不足道，可能事实就是如此。然而，如果将注意力转移到叙述上，一些在理解这个词的意义范围内不易做到的事情就能够实现。故事是讲出来的，每个故事都有开始和结尾。讲故事赋予偶然的现实以意义，所以它和理解一样能与现实"和解"。不仅如此，

---

① »Isak Dinesen, 1885－1963«，此处引自 *Menschen in finsteren Zeiten*, S. 125。

故事都设定了结尾,仅凭这一点,它就能确保人们意识到开始的存在。

如此一来,叙述明显比理解更能满足阿伦特的基本诉求,它促使人们又认识到"开始和起源的概念"。阿伦特在《理解与政治》中声称开始和起源的概念已经丢失,并指出其在哲学史中位于何处。在奥古斯丁处,一开始这只是"暗示",后来有了"完整意义"。用奥古斯丁的话来说:"为了有一个开始,人被创造了,在此之前没有人。"阿伦特在多处引用这句话,一次又一次地援引。正如她在《极权主义》一书的结尾所言,在她看来,人类具备的开始的能力是"人类的最高能力",这证明人类有希望摆脱自己操纵的危机,她毫不怀疑这一点。而且看起来,叙述似乎成了"行动的另一面",比理解更甚。

叙述阐明了理解的另一个角度。"而当其他人在与我的理解的相同的意义上理解,那就给了我一种像家一样的满足感。"阿伦特对高斯如是说。所以重要的不仅是理解,还有被理解——与其他人的联系是通过理解建立的。而这个角度在叙述的情境中恰恰比在理解的情境中更为清晰。一个人通常不对自己讲故事,而是对其他人讲,以便传达意义。这个人如果成功了,那么他将被别人理解,于是他将变得更"真实"、更"生动"。

阿伦特从理解到叙述的思考就是这样一个固定的发展过程,但是这不应掩盖一个事实:阿伦特在创作巅峰时期向公众传达的"我想理解"——而非发挥影响力——实际上就像是她一生都在坚持的信条。

有了这些提示,读者可以自行探索。在所选的文本和书目中都有许多值得发现的地方。也许某些读者会受阿伦特的"我想理解"的启发,选择以此作为批判式"自我审视"(Schau-selber-nach)的出发点。因为阿伦特擅长诱惑,乐于表演,她私下里很愿意承认这一点。《纽约时报》有次刊登了阿伦特的一张照片,雅斯贝尔斯点评这张照片,阿伦特回复说:"确实,有点失真了,但我本人在这种情况下也没好到哪儿去。"她用自我陈述创作自画像,并把它们留给她的阐释者去理解和/或讲述。

但这不仅是对自画像的批判性评价,因为这些作品本身充满了意义。英国政治学家玛格丽特·卡诺万可能是研究阿伦特政治哲学著作的一流专家,她将阿伦特视为西方世界最伟大的政治思想家之一。[1] 也有一些著名学者将阿伦特在政治哲学领域的地位等同于海德格尔在哲学中的地位。[2] 从这样的排名我们可以推测,阿伦特一定还有话要对我们这些后来人说。反言之,对我们来说,谨慎对待阿伦特的作品就成为一项义务,阅读这些作品时要贴近阿伦特写作时的宗旨。换句话说,我们最好回溯到阿伦特的"我想理解",以此为纲领来阅读她的作品。同时,依着阿伦特的想法,女性"作者"可以在此处说:希望读者能比本书的女主编本人更好地理解这本书。

乌苏拉·卢茨

图青,1996 年 3 月

---

[1] Margaret Canovan, *Hannah Arendt: A Reinterpretation of Her Political Thought*, Cambridge: University Press, 1992, S. 280f.
[2] 达纳·R. 维拉是最早提出这种观点的学者之一。参见其著作 *Arendt and Heidegger: The Fate of the Political*, Princeton, N. J.: Princeton University Press, 1995。

2005年新版序

距离本书首版已有近十年之久,现在似乎应该回顾一下这一版本,并在给定框架内对其进行更新,因为阿伦特的身后名自那时起不减反增。许多新书陆续出版,所以我们有必要修改序言,核查脚注并更新书目。

值新版发行之际,我还想简单谈谈我经常被问到的一个问题。为什么第二部分选择的文本限于阿伦特与雅斯贝尔斯的通信?我的主要观点是,阿伦特将这些信件间接公开了,而后来的书信都没有这样。1975年6月到7月间,她在马尔巴赫的德国文学档案馆待过几周,在这里筛选她与卡尔和格特鲁德·雅斯贝尔斯等人的通信,她当时已知晓克劳斯·皮珀的信件出版计划。她是否以及在多大程度上会同意出版后来的其他信件——与库尔特·布卢门菲尔德(1995)、玛丽·麦卡锡(1995)、海因里希·布吕赫(1996)、赫尔曼·布洛赫(1996)、马丁·海德格尔(1998)、梅丽塔·马斯曼(2001)、保罗·蒂利希(2002)、乌韦·约翰逊(2004)、萨洛蒙·阿德勒-鲁德尔(2005)、阿尔弗雷德·卡津(2005)——我们无从得知。即使我们相当肯定,公众对她本人的兴趣会让她惊讶,且会让她相当"不高兴",即使我们考虑到她对遗物的普遍处置方式是在去世二十五年后公开,但她在每个具体情况下的反应仍然不确定。与雅斯贝尔斯的通信还有一个优点——涵盖了她生命中的一个漫长时期,提供了关于阿伦特作为公众人物在美国和德国发展的详细信息,而其他书信做不到这一点。由于通信对象(格特鲁德·雅斯贝尔斯必须在内)一直不变,他们之间的交流也具备了一种统一性,这一般更像是自传式札记的特点。阿伦特曾拒绝自传式叙述,但这里可以说是出现了一种替代物。如果我加上她与其他人的通信,那么就能展现出阿伦特的更多面,这毫无疑问。但这样不仅会让本书失去统一

2005年新版序

的风格,而且很难圈定范围。

最后要提的是,洛特·科勒和汉斯·萨讷出版的书信集中漏掉了一封她写给雅斯贝尔斯的重要信件,他们将这封信注明为"在遗物中缺失",而伊丽莎白·扬-布鲁尔在书中重提此信。这封信所涉甚广,还提及"平庸的恶"这一论点的著作权问题。这一论点,作为《艾希曼在耶路撒冷》的副标题,引发了兴奋甚至骚动。阿伦特写道:"副标题不是来自海因里希。他多年前曾经说过,恶是一种表面现象——我在耶路撒冷又想到他的话。标题最终来源于此。"

乌苏拉·卢茨
慕尼黑,2005年8月

年　表

1906年　10月14日,生于汉诺威,是工程师保罗·阿伦特与其妻玛莎(婚前姓氏为科恩)的独女。户籍登记名为乔汉娜·阿伦特,取自其祖母[父母都是来自柯尼斯堡(东普鲁士)的犹太人;阿伦特自述——"典型的被同化的德国犹太人环境"]。

1909年　举家迁往柯尼斯堡。

1913年　祖父马克斯·阿伦特去世。父亲在经历常年病痛(渐进性瘫痪)后也去世(玛莎·阿伦特于1920年与鳏夫马丁·比尔瓦尔德结婚,他带来两个女儿克拉拉和伊娃)。

1913—1924年　在柯尼斯堡和柏林上学,部分自学,参加大学活动,请家教授课。1924年,在柯尼斯堡作为走读生通过高中毕业考试。

1924—1928年　在马尔堡大学、海德堡大学和弗莱堡大学学习哲学(主修)、新教神学和希腊语言学。师从海德格尔、胡塞尔、雅斯贝尔斯;师从布尔特曼、迪贝利乌斯;师从雷根博根。

1928年　11月,在海德堡获得博士学位(口试)。导师:雅斯贝尔斯。论文题目:《奥古斯丁的爱的概念》。

1929年　9月,在柏林附近的诺瓦维斯与君特·施特恩(安德斯)结婚。(施特恩夫妇在1929—1931年间暂居美因河畔法兰克福。)

1930—1933年　研究"关于德国-犹太人同化的问题,以拉赫尔·瓦恩哈根的生活为例",受德国科学应急协会(1930—1931年)和一个犹太人组织(1932年)资助。作为自由学术作家出版了第一批出版物。

1933年　7月,在柏林被捕;获释后移民。

1933—1940年　在巴黎。1937年,被剥夺德国公民身份。

1933—1937年　在犹太复国主义政治框架内活动("社会工作")。成为青年阿利亚法国分部的创始人（1935年）。在巴勒斯坦停留三个月（1935年）。

1936年　春季，与海因里希·布吕赫相识。

1937—1938年　重拾学术研究。完成了博士毕业后开始撰写的《拉赫尔·瓦恩哈根》一书。开始研究反犹主义史。发表演讲。

1938—1940年　在1938年德国11月水晶之夜后回归"社会工作"。活动领域：与巴勒斯坦犹太事务局、耶路撒冷和法国犹太复国主义者合作，"将儿童和成人从中欧移民到法国"。

1940年　1月，与君特·施特恩离婚后（1937年），与海因里希·布吕赫结婚。

1940年　5—6月，因"敌对外国人"的身份被拘禁在法国南部的古尔斯集中营五周；经卢尔德（与瓦尔特·本雅明一起）逃到蒙托邦的朋友处。

1941年起　定居美国。1951年12月，成为美国公民。

1941年　5月，与海因里希·布吕赫一起从里斯本乘船抵达纽约。其母玛莎·比尔瓦尔德于一个月后抵达,与布吕赫夫妇生活在纽约,直到玛莎去世(1948年7月26日)前不久。

1941—1952年　新闻-政治领域和教学活动:在《建设》和其他(尤其是美国犹太人组织的)刊物上发表文章;参与欧洲犹太文化重建委员会的工作;在纽约各学术机构做讲座并发表演讲。

1944—1946年　任(欧洲犹太文化重建委员会)犹太关系会议的研究负责人。

1946—1948年　任纽约朔肯出版社编辑。

1949—1952年　任纽约犹太文化重建委员会的执行秘书。

1949—1950年　1949年11月至1950年3月,首次受欧洲犹太文化重建委员会委托到访欧洲:在德意志联邦共和国密集地旅行,并访问了柏林;与雅斯贝尔斯、海德格尔,以及青年和学生时代的朋友/旧识重聚。

1950年　6月,开始记录《思想日记》。二十八本笔记(止于1973年)均在她去世后出版。

1951年　出版《极权主义的起源/我们时代的负担》(德语版名为《极权统治的要素和起源》,1955年出版)。

1952—1953 年	从事自由科研工作,受古根海姆基金会资助。
1952 年	海因里希·布吕赫受聘为巴德学院的哲学教授,在纽约哈德逊河畔安纳达勒。
1953 年	10月/11月,在普林斯顿大学克里斯蒂安·高斯批评主义研讨会框架内做了六次讲座。主题是"卡尔·马克思和西方(政治)思想的传统"。
1954 年	3月,在印第安纳州圣母市的圣母大学举办讲座。讲座共分为三部分;主题是"哲学与政治:法国大革命后的行动与思想问题"。
1955 年	春季,任加州大学伯克利分校客座教授。举办讲座"政治理论的历史",并开设两门研讨课。
1955 年	秋季,前往意大利、希腊、以色列、瑞士和(西)德讲学并度假。
1956 年	4月,在芝加哥大学的沃尔格林讲座框架内做了六次讲座,主题是"人的身体的劳动和手的工作"(后撰写了《人的境况》一书,1960年出版德语版《论积极生活》)。
1956 年	秋季,进行欧洲之旅:从事由洛克菲勒基金会

资助的研究,并举办讲座。

1958年 4—7月,进行欧洲之旅,在不来梅、苏黎世、慕尼黑等地举办讲座。

1958年 9月,向卡尔·雅斯贝尔斯致赞词。

1959年 春季,在普林斯顿大学任客座教授:举办关于"美国和革命精神"的系列讲座(后撰写《论革命》一书,1965年出版同名德语版本)。

1959年 9月,被自由汉萨同盟城市汉堡授予莱辛奖。

1959年 12月,搬到纽约曼哈顿区:从晨边高地搬到河滨大道。新地址(沿用到她去世):河滨大道370号。

1960—1961年 在多所大学担任客座教授。其中包括哥伦比亚大学(1960年秋)、西北大学(1961年春)、维思大学(1961年秋)。

1961年 4月和6月,作为《纽约客》杂志的"记者"旁听在耶路撒冷举行的艾希曼审判。

1961年 出版《在过去和未来之间》——一本"政治思想练习"集。

1962年 3月,在纽约乘坐出租车时遭遇严重事故,后住院治疗。

1962年　秋季，在芝加哥大学担任客座教授并开设讲座，后在维思大学开设研讨课。

1963年　2月，《纽约客》开始刊登《艾希曼在耶路撒冷》。

1963年　2—6月，旅居欧洲并延长假期，与海因里希·布吕赫、洛特·贝拉特到希腊和意大利旅行。

1963—1967年　在芝加哥大学社会思想委员会任教授（教学和出勤任务减量）；举办许多讲座，包括"政治入门""基本道德命题"；在纽约社会研究新学院授课，包括"道德哲学的一些问题"。

1964年　加入国家艺术文学研究所。

1965年　秋季，在纽约州伊萨卡的康奈尔大学担任客座教授。

1967—1975年　任纽约社会研究新学院研究生院教授（"大学教授"，教学和出勤任务减量）；开设讲座"哲学和政治学""康德的政治哲学"。

1967年　10月，被德国语言文学学会授予西格蒙德·弗洛伊德科学散文奖，缺席。

1968年　出版《黑暗时代的人们》——一本文学肖像集。

1969 年	2月,卡尔·雅斯贝尔斯去世。
1969 年	夏季,旅居欧洲(海因里希·布吕赫同行);在瑞士度假胜地泰格纳-洛迦诺停留数周(之后,几乎每年都会在泰格纳的卡萨·巴尔巴泰酒店住上几周)。
1970 年	10月,海因里希·布吕赫去世。
1971 年	发表《思考与道德考虑》(开始撰写《论积极生活》的第二卷,即《精神生活》)。
1971 年	11月,联邦宪法法院裁决:BVerfG 2 BvR 493/66号,也被称为"阿伦特法案"(赔偿诉求可以成功执行)。
1972 年	11月,出席加拿大多伦多约克大学举办的汉娜·阿伦特作品研讨会。
1973 年	4—5月,在苏格兰阿伯丁大学吉福德讲座框架内举办系列讲座。讲座主题是"精神生活,第一辑:思考"。
1974 年	5月,继续举办吉福德讲座。讲座主题是"精神生活,第二辑:意愿"。5月10日,因心脏病发作而中断讲座。

1974 年	9 月,威斯坦·休·奥登去世。
1975 年	4 月,因其对欧洲文化的贡献,被丹麦政府授予桑宁奖。
1975 年	5 月,波士顿为庆祝美国独立两百周年而举办一系列活动。阿伦特在两百周年论坛上发表演讲"栖息之所"。
1975 年	5—9 月,旅居欧洲。停留地包括马尔巴赫(待在德国文学档案馆)、泰格纳(撰写《精神生活》中的"意愿"和"判断"两部分)、弗莱堡(拜访海德格尔)。
1975 年	12 月 4 日,因心脏病发作在纽约公寓中离世。

第一部分

针对个人和作品的问答

致格哈德·肖勒姆的信[1]

纽约,1963 年 7 月 20 日

亲爱的格哈德:

我八天前回家时发现了您的信。您可以想象,离家五个月后才拿到信会是什么样子。我真的是一安静下来,就马上给您回信,想细说,但可能做不到。

您信中的一些断言是没有争议的,因为它们根本就是错误的,我想跳过它们以便进行真正值得的讨论。

---

[1] 再版自 *Neue Zürcher Zeitung* vom 19. Oktober 1963, S. 20f.。(若无特殊说明,本章脚注均为本书编者注。)

我不属于"从德国左派中产生的知识分子"。您不可能知道这一点，因为我们年轻时相识。这是一个我完全不自夸的事实，我也不喜欢描述这个事实，特别是在麦卡锡主义盛行多年之后。我很晚才意识到马克思的重要性，因为我年轻时对政治和历史不感兴趣。如果要说我"出自"何处，那就是出自德国哲学。

关于第二个事实，恐怕我不能说您不知晓。当您写"我认为您是这个（即犹太）民族的一员，而不是别的"时，我确实被触动了，这有点怪。事实上，我不仅从未表现得好像不是自己，甚至从未感受到这样的蛊惑。在我看来，这就像在说我是男人而不是女人，太疯狂了。当然，我知道在这个层面上有犹太人的问题，但这从来都不是我的问题。甚至在童年时也不是。对我而言，犹太身份是我生命中毋庸置疑的事实之一，我从来没有想过要改变这一事实。既然如此，那就这样吧，它是被给定的（physei），而不是被创造出来的（nomō），我对此的态度是完全的感激，这是置于政治之前的，但在某些特殊情况下，比如在涉及犹太人的政治中，它也有负面的政治后果：它禁止了一些行为方式，但在我看来，这些行为就是您在我的言论中读到的那些。(再举个例子：本-古里安①在布卢门菲尔德②的讣告中提到，他很遗憾布卢门菲尔德没在以色列改名。当然，布卢门菲尔德没有这样做的原因和他年轻时成为犹太主义者的心态完全相同。)我觉得，您是知道我如何看待这些问题的，我不明白您为什么把我这样归类，我不适合，也从未适合过。

现在回到这事本身：为了衔接上面的第二个事实，我将从"对犹太人的爱"③开始。(顺便说一句，如果您能告诉我这个词从什么时候开始在希伯来语和《圣经》中发挥作用，什么时候第一次出现之类的，我将非常感激。)您说得很对，我一生中从未有过这样的"爱"，原因有二。第一，我从未"爱"过任何民族或集体，无论是德国人、法国

---

① 戴维·本-古里安(David Ben-Gurion，1886—1973)，以色列政治家、第一任总理(任职时间最长的总理)。——译注
② 指库尔特·布卢门菲尔德(1883—1963)，这位出生于东普鲁士的犹太复国主义者于1933年移居巴勒斯坦。他是汉娜·阿伦特的朋友。两人之间交换的信件在1995年出版。
③ 肖勒姆曾写道："在犹太人的语言中，有一种无法定义却非常具象的东西，犹太人称之为'Ahabath Israel'，对犹太人的爱。亲爱的汉娜，您身上没有这种东西，就像德国左派中出现的那么多知识分子一样。"

人,还是美国人,或者工人阶级或其他什么人。实际上,我只爱我的朋友,完全没有能力进行其他的爱。第二,这种对犹太人的爱会让我感到怀疑,因为我自己就是犹太人。我不爱我自己,而有些东西,我虽然知道它们在某种程度上归属于我的本体,我也不爱。为了让您明白我的意思,我想转述我在以色列与一位重要政治人物[①]的谈话,他为以色列的政教合一辩护,在我看来这是灾难性的,我已记不得确切的措辞。他说:"您会明白,作为一个社会主义者,我不相信上帝,我相信犹太民族。"我认为这句话很可怕,我没有回应,因为我太害怕了,但我本可以回答。这个民族的伟大之处在于曾经相信上帝,在某种程度上,对上帝的信任和爱远远超过了对上帝的恐惧。而现在这个民族只相信自己?它将成为什么呢?——因此在这个意义上,我不"爱"犹太人,也不"信"他们,我只是自然而然、在事实上属于这个民族。

也可以从政治角度谈论这个问题,那我们就不得不

[①] 从美国国会图书馆收藏的汉娜·阿伦特的原信副本可以看出,"重要政治人物"是艾希曼审判时的以色列外交部长戈尔达·梅尔。

讨论爱国主义。没有持续的反对和批评，就不会产生爱国主义，我们应该都认同这一点。在整个问题中，我只能向您承认一件事，就是我自己的民族所犯下的不公自然比其他民族的不公更让我兴奋。此外在我看来，"心"在政治中的影响力是非常值得怀疑的。您和我都很清楚，那些报道事实的人经常被指责缺乏"爱心"。在《论革命》(*On Revolution*)一书里论及革命者性格形象中的同情心时，我已经写到当情感被公开展露时会发生什么。[①]

遗憾的是，您没有在以色列人和美国犹太人发起反对该书的运动之前读到这本书。很少有人不受这种事情的影响。舆论在这种情况下是被操纵的，假如您读了这本书，而且在阅读时不偏不倚、不受所谓的舆论影响，那我绝对无法想象，您可能会对这些事情产生误解：当然，我从未把艾希曼说成"犹太复国主义者"。这句话可是艾希曼的自我介绍，是的的确确的间接引语，如果您没有理

---

① Hannah Arendt, *On Revolution*, S. 79ff. (dt.: Titel Nr. 188, S. 100ff.).

解这句话的讽刺意味,那我真的无能为力了。① 我只能向您保证,该书出版前的几十位读者②从未对此有任何怀疑。此外,我从未问过犹太人为什么"让自己被杀",我是谴责豪斯纳③问了这个问题。在恐怖的直接压力下,欧洲任何一个民族或群体都会和犹太人的表现一致。我

---

① 肖勒姆曾写道:"我想……说,您把艾希曼描绘成犹太复国主义的皈依者,只有对与犹太复国主义有关的一切都深恶痛绝的人才会这么想,比如您。我无法严肃对待您书中的这些内容。它们是对犹太复国主义的嘲弄,而我担心这就是您的目的。"阿伦特在《艾希曼在耶路撒冷》中的相关段落在德文版中是这样写的(第69页):"他(利奥波德·冯·米尔登斯坦,帝国安全总局犹太部门负责人)向他的新下属(阿道夫·艾希曼)推荐的第一件事就是阅读特奥多尔·赫茨尔的《犹太国》(›Judenstaat‹),这是犹太复国主义的经典作品,艾希曼迅速阅读了这本书;这似乎是他有生以来读过的第一本严肃的书,给他留下了不可磨灭的印象。从那时起,他就永远是一个'犹太复国主义者'。从那时起,如他反复重申的那样,他几乎不想别的东西,脑子里只有犹太人问题的'政治解决方案'。"在肖勒姆提到的英文原版中,阿伦特做了改进。在那里(*The New Yorker*, 16. Febr. 1963, S. 93),上述楷体部分变为:"著名的犹太复国主义经典,使艾希曼立即并永远皈依了犹太复国主义。"(本书编者特意强调。)
② 汉娜·阿伦特用这句话暗示了这样一个事实:她在出版报告《艾希曼在耶路撒冷》(顺便说一下,无论是英文版还是德文版)之前,详细检查了所提供的数据,以及可能具有法律效力的段落。
③ 吉迪恩·豪斯纳,艾希曼审判中的检方代表。

致格哈德·肖勒姆的信

提出的问题是犹太官员在"最终解决方案"实施时的合作,我们不能说他们只是叛徒(也有叛徒,但这不是关注点)。换句话说,不管您怎么说,直到 1939 年或 1941 年,一切都还是可以理解和原谅的。问题是后来才出现的。审判期间这件事被讨论过,所以我无法回避。这里面有我们关心的"未处理的过去"。您认为"权衡过的判断"还没有过,可能您是对的,尽管我对此表示怀疑,但这会让我坚信,只有当我们开始判断并尽力判断时,我们才能让这段过去真正地过去。我已经清楚阐明我对此事的判断,但您显然没有理解。根本没有抵抗的可能,但可以不做任何事。一个人并非需要是圣人才能什么都不做,他只需要说:我是一个普通的犹太人,仅此而已。这些人是否在任何情况下都应该被绞死,完全是另一个问题。我们在这里争论的是,他们用了什么论据向自己和他人证明自己的正当性。正是基于这些论据,我们才有权进行判断。这些人没有受到恐怖的直接压力,只是间接压力。我知道其中的程度差异。他们仍然有自由决定和自由行动的空间。就像我们今天知道的党卫军杀人犯一样,他们有一个有限的自由空间。他们可以说:我不同意这样做。而他们什么也没做。在政治上，我们面对的是人，而不是英雄或圣人，这种"不参与"的可能性显然对评估个人至关重要，而不是评估制度。

在艾希曼的审判中，我们不得不提到一个人。在我的报道中，我只谈到审判中发生的事情。所以我没提到您说的那些圣徒。我反而得着重关注抵抗的勇士，正如我所解释的，这么多赞誉都是他们应得的，因为这种抵抗是在实际上不可能存在的条件下发生的。在豪斯纳先生的证人中没有圣人，只有一个完全纯洁的人，那就是老格林斯潘，我详细报道过他。[1] 在德国这方还有更多事情，我没有提及。我不得不聚焦于唯一的军士施密特[2]，因为审判中没有提到其他名字，也没有提到其他事件。

在集中营里，受害者和迫害者之间的界限本身是模糊的，而且这是经过深思熟虑的有意设定，我在《极权统

---

[1] 青德尔·格林斯潘，赫舍尔·G.的父亲，1938年11月7日在巴黎射杀了德国公使馆参赞恩斯特·冯姆·拉特，*Eichmann in Jerusalem*, S. 271ff.。
[2] 安东·施密特，他曾支持过波兰的犹太地下运动成员，*a.a.O.*, S. 275。

治的要素和起源》中已经详细论述了这一点。[①] 在这里再重复一句：我并不是说犹太人在这里也要分担罪责。这是制度的一部分，确实与犹太人没有任何关系。

有些观点不是一下子就板上钉钉，而是每个人都能随意发表意见，所以这些观点只是听听罢了。但是在犹太复国主义圈子里，人们在很大程度上已经忘记了这一点，要不是我对此有所了解，那我简直无法理解，您怎么会认为我的书是"对犹太复国主义的嘲弄"。我的一位犹太复国主义朋友天真地说，不管怎样，最后一章是极度支持以色列的（法院的管辖权，劫持的正当性），当然这也是事实。令您困惑的是，我的论据和我的思维方式不是预先拟定的。或者说，我是独立的。一方面，我认为我不属于任何组织，我总是只以自己的名义发言；另一方面，重要的是要自己思考，无论您对结论有何异议，您都要意识到这些结论是我的而不是别人的，否则您就不会理解。

遗憾的是，您没有用反对执行死刑的论据"加重"这

---

① 见» Die Konzentrationslager « in Hannah Arendt, *Elemente und Ursprünge totaler Herrschaft*, S. 676ff.。

封信。因为我相信，我们在讨论这个问题时，正好能够最清楚地澄清我们之间真正存在的分歧，而不仅仅是我们假定的分歧。您说这"从历史上看是错误的"。在我看来，这不仅在政治上和法律上（此处不关注历史）是正确的，不执行判决是绝对不可能的。除非听从雅斯贝尔斯的建议，尝试将艾希曼移交联合国，这是唯一不执行死刑的办法。[1] 没有人希望这样，而且这也许是不可能的，所以他不得不被绞死。完全不存在饶恕，不仅是出于法律原因——饶恕是法律机构之外的东西——而且因为饶恕针对的是人而不是行为；饶恕这一行为并不宽恕谋杀，而是赦免凶手，因为人可以超越他的行为。但艾希曼的情况并非如此。且从纯粹的法律角度看，不赦免他而让他活着是不可能的。

最后，我要谈谈您唯一没有误解我的事情，我很高兴您发现了它，我现在只想非常简短地说几句。您说得很对，我改主意了，不再谈论激进的恶。我们已经很久没有

---

[1] 见卡尔·雅斯贝尔斯与弗朗索瓦·邦迪1961年的访谈：*Provokationen: Gespräche und Interviews*, hrsg. von Hans Saner, München: Piper (Paperback 76), 1969, S. 101-107。

致格哈德·肖勒姆的信

见面了,否则我们很容易就会谈到这个问题。我不清楚您为什么把"平庸的恶"这个表述称为"口号"。据我所知,从来没有人使用过这个词;但这并不重要。我现在确实认为,恶永远只是极端的,但绝不是激进的,它没有深度也没有魔性。正是因为它像真菌一样在表面继续生长,所以可以破坏整个世界。而只有美好的东西才是深刻的、激进的。但正如我所说,我不想再讨论这些事了,因为我打算在另一个背景下再详谈这些问题。[1] 但我所指的具体模式可能仍然是艾希曼先生。

您提议公开您的信,并问我是否有异议。我建议不要转换为第三人称。这种讨论的价值在于书信性质,是在友谊的基础上进行的。因此,如果您准备公开我们的信件往来,我当然不反对。[2] 不过我们就保留书信形式吧。

您的汉娜

---

[1] 见1971年发表的随笔《思考与道德考虑》(»Thinking and Moral Considerations«),以及阿伦特晚期作品《精神生活》,尤其是第一卷。

[2] 肖勒姆用打字机写的信件原件收藏在国会图书馆的"汉娜·阿伦特文稿"中,阿伦特回信的一份复印件也收藏在这里,内容与本版本略有不同。

与蒂洛·科赫的电视访谈[1]

蒂洛·科赫（以下简称科赫）：这本关于艾希曼的书饱受争议。书里提出了什么论点？

汉娜·阿伦特（以下简称阿伦特）：这本书其实没有任何论点。这是一次报道，对耶路撒冷审判中的所有事

---

[1] 再版自»Der ›Fall Eichmann‹ und die Deutschen: Ein Gespräch mit Thilo Koch«, aus *Gespräche mit Hannah Arendt*, hrsg. von Adelbert Reif, München: Piper, 1976 (Serie Piper), S. 35 - 40。1964年1月24日，系列电视节目《全景》(»Panorama«)在纽约录制此次采访。起因是阿伦特由于1963年出版的《艾希曼在耶路撒冷》一书而遭到公开的激烈抨击。（若无特殊说明，本章脚注均为本书编者注。）

实进行了说明。在审判期间,控方和辩方都提出了某些论点,我对这些论点进行了报道,然后有些人就声称这些是我的论点——例如艾希曼只是一颗"小齿轮",或者犹太人本可以进行抵抗。我已经明确对后者表示反对,就齿轮之说而言,我只是报道说,艾希曼不同意辩护律师的意见。

遗憾的是,针对这本书的争议不是关于论点或意见,主要是关于事实,这些事实被加工成理论,以便消解其事实属性。这本书和审判的重点都是被告个人。当他的罪行被审判时,欧洲中心道德崩溃的可怕现实完全被暴露出来。人们可以通过许多不同的方式来回避这一现实:否认它,对它做出可悲的、完全不应该有的认罪反应,在认罪时一切特殊性都消失了,或者谈论德国人的集体罪行,抑或声称在奥斯威辛发生的事情只是长期仇恨犹太人的结果——这可是有史以来最大的屠杀。

科赫:所以所谓的"犹太人无法克服的过去"只是您对耶路撒冷审判的一小部分思考?

阿伦特:既然您问我的想法,我只能说,"犹太人无法克服的过去"最初并没有起作用。审判中出现了这个问题,我也报道了这个问题。艾希曼的行为发生在一个环境中,而不是在真空中。犹太官员是这种大环境的一部分。艾希曼本人在耶路撒冷接受警方审讯时,此前在阿根廷接受荷兰纳粹记者萨森采访时,都非常详细地谈到了他与犹太官员的"合作"。[1]

因为我谈到这些事实,所以人们就推断,我想描述欧洲的犹太人种族灭绝,而犹太顾问肯定参与了这一灭绝。可是我从来没有想过要这样做。我的书是报道这次审判,而不是介绍这段历史。任何想书写这段历史的人都不会以艾希曼审判为出发点。

不过,若要回到我们犹太人在这段"无法克服的过去"当中扮演的角色,那我必须说,犹太组织的影响力远远超出了犹太领域原本的边界。他们施加于我的奇妙宣传让我意识到,对犹太官僚阶层和那群可以被称为"犹太机构"的人来说,这段"无法克服的过去"是一

---

[1] 所谓的"萨森访谈"是根据前武装党卫军成员、荷兰记者威廉·S. 萨森在 1955 年与艾希曼的对话编写的。首次发表于 *Der Stern* (Juli 1960),有删节;后来的拓展版本为 »Eichmann Tells His Own Damning Story«, in *Life*, 28. Nov. und 5. Dez. 1960。

个非常困难的问题,而在民众的意识中明显没有这么困难。

科赫:读者怎么会把您的书和您对艾希曼审判的报道误认为是对纳粹罪行的间接开脱或轻描淡写?

阿伦特:在我看来,我们在这里面对的是两件事,首先是恶意的歪曲,其次是真正的误解。读过我书的人都不能说我为纳粹时代的罪行"开脱"。这与霍赫胡特的书①的情况类似。由于霍赫胡特抨击了帕切利关于最终解决方案的立场,人们宣称,他以此为希特勒和党卫军开脱,把庇护十二世刻画成真正的罪人。人们试图将讨论限制在这种无稽之谈上,它们缺乏信息源,也很容易被反驳。关于《艾希曼》一书的部分争议也是如此。他们声称,我可能想为艾希曼"开脱",却又证明艾希曼有罪——通常是引用我书中的话。众所周知,现代世界的舆论操

---

① 这指的是罗尔夫·霍赫胡特的戏剧《代理人:一出基督教悲剧》(*Der Stellvertreter: Ein christliches Trauerspiel*,1963),参见阿伦特为霍赫胡特的辩护:《〈上帝的代理人〉:因沉默而获罪?》(»›The Deputy‹: Guilt by Silence? «)。

纵在很大程度上是通过"打造形象"实现的,这意味着某些"形象"被放入世界,它们不仅与现实无关,而且往往只是为了掩盖某些令人不快的现实。以《艾希曼》这本书为例,这一点已经相当成功。无论是在美国这边还是在欧洲,您熟知的很大一部分讨论都是围绕着一本没人写过的书,因此这些讨论根本无法回答。

至于真正的误解:副标题"平庸的恶"已经被误解很多次。我最无法漠视的事就是轻视我们这个世纪最大的灾难。它既不是一件小事,也不是一件经常发生的事情,这就是其平庸之处。我可以认为一种思想或感觉是平庸的,即使以前还从未有人表达过类似观点,且后果是导致一场灾难发生。例如,戈宾诺[1]的种族理论在19世纪中叶具有相当的独创性,但同时也是"可恶的"和肤浅的,托克维尔当时就做出了反馈。[2] 这一灾难的后果非常惨

---

[1] 瑟夫·阿瑟·戈宾诺(1816—1882),法国外交官、作家、人种学者和社会思想家。他在《人种不平等论》中认为白色人种比其他人种优越,称雅利安人代表文明最高峰,据此提出种族成分决定文明命运的理论。——译注

[2] 见托克维尔与约瑟夫·阿瑟·戈宾诺的书信往来。Tocqueville, *Œuvres complètes*, Paris: Gallimard, Bd. 9 (1959).

重。所以它就算得上意义重大吗？如您所知，已经有很多人试图在德国甚至整个欧洲的精神历史中挖掘纳粹主义的起源。我认为这些尝试是错误的，也是有害的，因为这一现象最显著的特点实际上是其无底线的无意义性，而这些尝试恰恰对这一特征避而不谈。有些东西可以从阴沟里长出来，没有任何深度，却掌控了几乎所有人，这正是这一现象的可怕之处。

科赫：所以您认为把艾希曼和艾希曼案去妖魔化非常重要？

阿伦特：把艾希曼去妖魔化的不是我，而是他自己，而且他做得这么彻底，达到了真正可笑的极限。我只想指出，当您近距离观察"民主"时，它是什么样的。我从中学到了很多东西，不过我确实认为，其他人也应该从中学到东西。恰恰是恶的所谓魔性，也指向堕落天使路西法的传说，对人们产生了如此非凡的吸引力。[您可能要想想斯特凡·格奥尔格《罪犯》(»Der Täter«)中的诗句——"那些从不估量兄弟的剑伤的人／他们的人生是多么可怜,思想是多么单薄"①。]驱使罪犯的并不是我们熟知的邪恶和杀人动机,他们杀人,不是为了杀人,而是因为这是他们职业生涯的一部分——正因为如此,我们所有人都很容易将灾难妖魔化,并从中发现历史意义。我承认:人们更容易接受,是一个化身人形的魔鬼在迫害人,或者用艾希曼审判中检察官的话说,是自法老和哈曼②以来盛行不衰的历史法则在迫害人,即人们都是一个形而上学的原则的受害者;人们不能接受是一个可爱的小丑在迫害人,他甚至不是疯子或特别邪恶的人。我们过去一直都无法接受的不是受害者的人数,而恰恰是这些大屠杀者少得可怜的愧疚感,以及他们所谓的理想中包含的下意识的卑劣。"我们的理想主义被滥用了"——现在我们经常从幡然悔悟的前纳粹分子嘴里听到这话。是的,

---

① 该诗出自组诗《生命之毯》(»Der Teppich des Lebens«),原文如下:"那些从不估量兄弟的剑伤的人/他们的人生是多么轻盈,而回想中的人生是多么单薄/那些从未吃过令人眩晕的毒芹菜籽的人啊!"
② 据《古兰经》载,法老命哈曼建造的建筑物类似《创世纪》中的巴别塔,目的都是通向天堂。《圣经》的《以斯帖记》中的哈曼则是反面人物,是迫害犹太人的波斯国王亚哈随鲁(Ahasuerus)的高官兼顾问,也是犹太人的敌人。——译注

确实如此——但这种理想主义一直以来都是多么低劣的东西啊!

科赫:现在是 1964 年的德国,您发行的新书如何帮助我们克服德国 1933 年到 1945 年的纳粹历史?

阿伦特:其实我不知道怎么回答这个问题。尽管如此,我还是要提一件事,我担心了很久,实际上从我 1949 年第一次回德国就开始了。根据我的经验,所有在生活中从未做过丝毫错事的德国人都会急切地说出他们的罪恶感,而您只要遇到一个前纳粹分子,您面对的就是这世界上最好的良心,即使他没有直接对您撒谎,而且这个好良心也不是幌子。

在战后的最初几年,我看所有认罪书时总想用雅斯贝尔斯的想法来解读,他在德国垮台后立即说出一句伟大的话:"我们活着就是我们的罪。"①但是后来,特别是考虑到在艾希曼被抓获前,德国即便知道"杀人犯在我们

---

① »Erneuerung der Universität« (1945), in Karl Jaspers, *Rechenschaft und Ausblick*, München: Piper, 1951, S. 137 – 147, S. 138.

中间"，也显然不以为意，没有对他们进行审判，实际上他们在许多情况下可以高枕无忧，青云直上——当然现在也没有谋杀和死亡——仿佛什么都没有发生，或几乎没有发生，现在这一切在过去几年中被曝光了，我开始对宣布无辜者有罪的做法产生疑虑。这些声明往往是为了掩盖有罪的人。大家都在喊我们有罪的时候，就再也不可能发现真正的罪行了。一个人是参与了对几十万人的屠杀，还是仅仅保持沉默、生活在隐秘中，这两者有很大差异。我认为，这是不可忍受的。

而在我看来，最近关于"我们当中的艾希曼"的讨论也属于不可容忍的范畴——仿佛每个人都不可避免地有一个"艾希曼"在心中，仅仅因为他们是人。不能容忍的还有最近对纳粹刑事审判的反对意见，这些反对意见在艾希曼审判时已经出现，这只会导致人们去找替罪羊，然后德国民众就再次洗脱集体的罪恶。

在政治上，德国民众必须对罪行负责，这些罪行以他们的名义进行、由国家的一些成员犯下，今天只有很少数人仍然怀疑这一点。但这与个人的感受无关。在我看来，从政治上讲，德国民众如果想理直气壮地宣布这段可怕的历史已经被克服，那么就必须审判那些生活在民众中间不受干扰的杀人犯，把所有真正被指控的人从公共职位上赶下台，他们的私人生活和商业活动可以忽略。如果不这样做，即使有很多人在谈论，过去的问题也仍得不到解决——或者人们将不得不等待，直到我们都死去。

与君特·高斯的电视访谈[①]

君特·高斯（以下简称高斯）：汉娜·阿伦特女士，您是本系列的第一位女嘉宾。第一位，尽管您的职业通常被认为是高度男性化的：您是一位哲学家。我要从这个开场白引出第一个问题：您是否觉得您在哲学家圈子里是一个特殊的角色，尽管您得到了认可和尊重——或者我们谈论的这个解放问题对您来说从来不存在？

[①] 再版自 »Was bleibt? Es bleibt die Muttersprache« aus Günter Gaus, *Zur Person: Porträts in Frage und Antwort*, 2 Bde., München: Feder, 1964, Bd. 1, S. 13 - 32,有几处勘误。1964 年 10 月 28 日,该访谈在德国电视二台播出。(若无特殊说明,本章脚注均为本书编者注。)

汉娜·阿伦特（以下简称阿伦特）：是的，我恐怕要先提出抗议。我不属于哲学家的圈子。我的职业领域——如果可以这么说的话——是政治理论。我根本不觉得自己是个哲学家。我也不相信我被哲学圈接纳了，谢谢您善意的揣测。但是我们要讨论您在开场白中提出的另一个问题：您说这通常是一份男性职业。不一定一直如此！一个女人很可能也会成为哲学家……

高斯：我认为您是一个哲学家……

阿伦特：好吧，我对此无能为力，但我不认为自己是哲学家。在我看来，我已经彻底告别哲学了。如您所知，我学过哲学，但这并不意味着我坚持下来了。

高斯：但我还是想知道——我很高兴我们已经走到了这一步——您认为政治哲学和您作为政治理论教授所从事的工作之间有哪些区别？如果您不更精确地向我解释这种区别，那我想到您的一些作品比如《论积极生活》时，就希望能够把您归入哲学家之列。

阿伦特：您看，区别其实就在于事情本身。我避免使用"政治哲学"这一表述,传统给它预设了特别多的东西。当我谈论这些事情时,不管是学术的还是非学术的,我总是提到哲学和政治之间的张力。也就是说,一个处于哲思中的人和一个行动中的人之间的张力——这是自然哲学中不存在的张力。哲学家和其他所有人对待自然的态度是一样的。当他思考自然时,他代表全人类说话。但他对政治的态度并非中立。从柏拉图开始就不是这样的!

高斯:我明白您的意思。

阿伦特:因此大多数哲学家对一切政治都怀有一种敌意,除了极少数人。康德是一个例外。这种敌意对这一群体极其重要,因为它不是一个个人问题。它是关于事物本身的本质。

高斯:您不想参与到这种对政治的敌意中,因为您认为这将会阻碍您的工作?

阿伦特:"我不想参与到敌意中",这就是说:我想用可以说是不被哲学遮蔽的眼睛来看待政治。

高斯：我明白。现在请再次回到解放问题。这个问题对您来说存在吗？

阿伦特：是的，这样的问题当然一直存在。我其实是很守旧的。我一直认为，有些职业不适合女性，跟她们不匹配，如果允许我这么说的话。女人发号施令时，看起来可不怎么好。如果她想保持女性的品质，就应该尽量避开这样的职业。我不知道这么说对不对。我自己也或多或少不自觉地——或者更应该说，或多或少有意识地——遵循这一条。这个问题本身对我个人来说没有什么影响。您看，我只是做了我想做的事。

高斯：您的工作——我们肯定会谈到细节——其中一些重要部分是为了理解怎样才能实现政治行动和行为。您是否想通过这项工作产生广泛的影响，或者您认为这样的影响在今天已经不可能了——或者这样的广泛影响对您来说是次要的？

阿伦特：您知道的，这件事比较棘手。如果必须坦言相告，那么我只能说：工作时，我对影响力不感兴趣。

高斯：工作完成后呢？

阿伦特：嗯，那就完成了。您知道吗？这对我来说至关重要：我必须理解。对我来说，写作也是这种理解的一部分。写作是理解过程的一部分，对吗？

高斯：您写作是为了自我的进一步认知。

阿伦特：是的，因为现在某些事情已经固化了。假设人的记忆力特别好，真的能保留一切所想，那我怀疑自己就不会时不时地记上几笔，因为我知道自己很懒。对我来说重要的是思想过程本身。有了这些，我个人就相当满足了。如果我之后成功地将思想通过写作表达出来，我又会感到满足。

现在您问的是影响力。如果允许我嘲弄一句，那这是一个男性问题。男人总是非常热衷于影响力；但我是从表面来看待这事，可以这么说。让我自己发挥影响力？不，我想理解。而当其他人在与我的理解的相同的意义上理解，那就给了我一种像家一样的满足感。

高斯：写作对您来说是件易事吗？您是否很容易遣词造句？

阿伦特：有时是，有时不是。但总体上可以说，在誊抄之前，我从不会开始写作。

高斯：您提前考虑好了再写。

阿伦特：是的。我清楚地知道我想写什么。我不会事先写。大多数时候，我只是记录。然后就比较快了，因为这真的只取决于我打字的速度。

高斯：您现在的研究重点是政治理论、政治行动和行为。基于这种情况，我在您与以色列肖勒姆教授的通信中发现了一些特别有趣的东西。请允许我引用您的一句话，您说自己"年轻时对政治和历史不感兴趣"。阿伦特女士，您1933年以犹太人身份从德国移民过来。那时候您二十六岁。您对政治的关注，对政治和历史开始感兴趣，是否与这件事有关系？

阿伦特：是的，当然。1933年，我已经不可能不感兴趣了。在那之前就已经不可能了。

高斯:在那之前您就已经感兴趣了吗？

阿伦特:是的,当然。我怀着激动的心情阅读报纸。我确实有自己的看法。我不属于任何党派,没有必要。自1931年以来,我一直坚信纳粹将接管政权。而且我在这些问题上与其他人不断发生冲突。但在移民之前,我并没有真正系统地处理这些事情。

高斯:对于您刚才所言,我有一个补充问题。您认为自1931年以来,纳粹上台就是势在必行的,但这没有促使您积极地做一些反抗之事,例如加入一个政党——或者您认为这不再是明智之举？

阿伦特:就个人而言,我认为这没有意义。如果我认为它有意义——现在很难回过头再来说这一切——那我可能会做一些事情。我想这是没有希望的。

高斯:在您的记忆中,是否有一个特别的事件让您开始转向政治？

阿伦特:可以说是1933年2月27日国会大厦纵火

案,以及当晚发生的非法逮捕事件,所谓的保护性监禁。您知道,人们被送进盖世太保的地窖或集中营。之后发生的事情是闻所未闻的,现在它们往往被后来的事情所掩盖。这对我来说是一个直接的冲击,从那一刻起,我觉得自己有责任,也就是说我不再觉得一个人可以单纯地袖手旁观。我试图在一些事情上伸出援手。但是我从来没有说过——如果我不得不说的话——那些直接导致我离开德国的事情,因为它们很不相关。

高斯:请告诉我吧。

阿伦特:反正我本来就有移民的打算。我立即意识到,犹太人不能留下来。我无意在德国当个二等公民,不管是什么形式。我也认为,事情会越来越糟。尽管如此,我最终还是没能以和平的方式离开。我必须说这让我产生了某种满足感。我被逮捕了,不得不非法离开这个国家——我一会儿会告诉您的——我立即对此感到满足。我想,至少我做了一些事情! 至少我不是无辜的。我不希望有人这样评价我!

好吧，犹太复国主义组织①当时给了我这个机会。一些领导人物是我非常亲密的朋友，特别是当时的主席库尔特·布卢门菲尔德。但我不是一个犹太复国主义者。他们也没有试图转化我。不过，我在某种意义上受到了他们的影响；这些犹太复国主义者在犹太人民中开展了批评和自我批评。我受之影响，对此印象深刻，但在政治上我与之无关。好吧，1933年，布卢门菲尔德和其他（您不认识的）人找到我，对我说：我们想把所有底层的反犹主义言论搜集起来。我们这么说吧，协会即各类工会的言论和各种专业杂志里的表述，总之就是那些不为国外所知的言论。在当时，组织这种搜集活动属于人们所说的"暴行宣传"（Greuelpropaganda）的范畴。这件事不能由犹太复国主义者来组织。因为如果他暴露了，组织也就暴露了。

高斯：当然。

阿伦特：这很明显。他们问我："您想做吗？"我说："当然。"我非常高兴。首先，这对我来说似乎非常合情合

---

① 此处指的是德国犹太复国主义协会。

理。其次，我觉得自己毕竟可以做些事。

高斯：您因为这项工作而被捕？

阿伦特：是的。我当时被逮捕了。我非常幸运，八天后就被释放了，因为我——和逮捕我的侦探成了朋友。他是一个可爱的人。他原本从刑侦部门升职到政治部门。他摸不着头脑。他在那里该做什么呢？他总是告诉我："我经常把人带到面前坐下，我只要查阅材料，就知道是怎么回事了。但我该拿您怎么办呢？"

高斯：那是在柏林？

阿伦特：那是在柏林。很遗憾我必须对他撒谎。我不能出卖组织。我编了奇妙的故事。他总是说："我把您弄到这里来。那我就再把您救出去。不要找律师！犹太人现在没什么钱。省着点花吧！"在这期间，组织为我安排了一名律师。当然，还是通过组织成员。但我把这个律师送走了。因为逮捕我的人看上去非常坦诚体面。我信任他，而且认为，比起某个只懂得害怕的律师，这个机会要好得多。

高斯：然后您就获释了，能够离开德国了？

阿伦特：我出来了，但不得不非法越过绿色边界①，因为事情肯定还在发酵。

高斯：阿伦特女士，在前面提到的通信中，肖勒姆告诫您应该永远记住自己的犹太身份，您非常明确地认为这是多余的。我再次引用您的话——"对我而言，犹太身份是我生命中毋庸置疑的事实之一，我从来没有想过要改变这一事实"，甚至在童年时也没有。我想就此问您几个问题。您1906年出生在汉诺威，是一位工程师的女儿，在柯尼斯堡长大。您能根据记忆告诉我，在战前的德国，一个孩子出身于犹太家庭意味着什么吗？

阿伦特：从现实来说，我无法依照普遍情况回答这个问题。就我个人的记忆而言，家里人从未告诉我，我是犹太人。我母亲完全没有宗教信仰。

高斯：您父亲早逝。

---

① 指陆地上自然界的边界，与之相对的水上边界被称为"蓝色边界"。——译注

阿伦特：我父亲死得很早。这一切听起来非常可笑。我的祖父是自由社区的主席和柯尼斯堡的市议员。我来自一个古老的柯尼斯堡家庭。尽管如此，在我孩提时期，我们从未说起"犹太人"这个词。最早引起我注意的是街上的孩子们发表的——不值一提的——反犹主义言论。可以说，我是这样被"启蒙"的。

高斯：这让您震惊吗？

阿伦特：没有。

高斯：您有没有感觉到，自己现在变得特别了？

阿伦特：嗯，您看，这是另一件事。这一点都不让我震惊。我心想：好吧，原来是这样的。我是否觉得自己很特别？是的！但如今我没法再跟您说清楚了。

高斯：您曾有过哪些想法呢？

阿伦特：客观地说，我认为这与犹太身份有关。例如，在孩提时期——现在算是稍微大一些的孩子——我知道自己看起来是犹太人。这意味着我看起来与其他人不同。我非常清楚这一点，但没有因此而自卑。本来就是这样嘛。不过我的母亲，或者说我父母家，和一般家庭有些不同。即使与其他犹太儿童或家里别的孩子相比，我也有很多特殊之处。但一个孩子很难说出到底哪儿特别。

高斯：您说父母家特殊，我想听您再解释一下。您说，您的母亲认为从来没有必要告诉您犹太身份——直到您在街上经历此事。您在给肖勒姆的信中说，您认定自己是犹太人。您的母亲就没有这种意识吗？这对她不起作用吗？是您母亲被成功同化了，还是她自认为已经被同化？

阿伦特：我的母亲对理论不是很擅长。我不认为她有什么特别的想法。她本人曾投身于社会民主运动，追随过《社会主义月刊》①的圈子，我父亲也一样，但主要是

---

① 《社会主义月刊》(*Sozialistische Monatshefte*, 1897—1933) 成为 1895 年创办的社会民主理论杂志《社会主义学者》(*Der sozialistische Akademiker*) 的延续，二者都从未成为社民党的官方机构，被视为社民党内"修正主义"的论坛。编辑是约瑟夫·布洛赫，来自柯尼斯堡，是一位著名塔木德学者的儿子。

我母亲。她完全不关心这个问题。当然,她是犹太人。她永远不会给我洗礼!我估计,如果她发现我否认自己是犹太人,她一定会左右开弓扇我巴掌。可以这么说,这事儿根本没得讨论。根本不可能!但在20世纪20年代,我还年轻的时候,这个问题本身有很大的影响力,远远超出对我母亲的影响。而且相比我母亲那时候,这个问题在我成年后的那个时期产生了更大的影响。但这是外部环境造成的。

例如,我不认为我将永远是德国人——如果能让我区分一下,这是从种族的意义上讲,而不是国籍。我记得我三十岁左右时曾与雅斯贝尔斯等人讨论过这个问题。他说:"您当然是德国人!"我说:"您可以看到,我不是!"但这对我来说并不重要。我没有因此而感觉自卑,从未如此。

如果我可以再谈谈我父母家的特殊之处:您看,反犹主义影响了所有的犹太儿童。而且它毒害了许多儿童的灵魂。我们家的不同之处在于,我母亲总是坚持立场:不能躲避!必须为自己辩护!要是我的老师发表反犹言论——通常不是针对我,而是在说其他犹太女学生,比如东方犹太①女学生——我母亲给我的指示是,那我就要立即起身,离开教室,回家,把一切详细记录在案。然后我母亲就会再次寄出挂号信;当然,这件事对我来说完全解决了。我放了一天假,那是相当惬意的。但如果发表言论的是孩子,那她就不允许我在家里讲。这种情况不适用。如果言论来自儿童,那我要保护自己不受伤害。因此,这些事情对我来说从未成为问题。我通过一些行为规则维护、保护了我的尊严,在家里绝对受到保护。

高斯:您曾在马尔堡、海德堡和弗莱堡师从海德格尔、布尔特曼和雅斯贝尔斯教授,主修哲学,同时学习神学和古希腊语。您怎么会选择这个专业?

---

① 东方犹太人和西方犹太人这一对互补的术语最早是在1900年左右由犹太公知纳坦·伯恩鲍姆(Nathan Birnbaum)创造的,不仅是指两者不同的地理起源,而且区分了欧洲犹太人中因东西方不同的生活条件而形成的社会文化、宗教和语言上的差异。19世纪80年代以来,东方犹太人西迁带来一系列社会冲突和问题,西方犹太人认为自己的文化更先进,而东方犹太人强调其文化独立性,与西方犹太人的顺从和自我宣扬形成对比。这场犹太人内部辩论导致了对东方犹太人的成见,在德意志帝国、奥匈帝国的民族主义语言中,"东方"和"犹太人"都是负面词语,纳粹主义的反犹宣传借用了这一术语,以此宣扬犹太民族的劣根性。——译注

阿伦特:嗯,您知道,我也经常思考这个问题。我只能说,哲学是一种必然。从我十四岁开始。

高斯:为什么?

阿伦特:嗯,我读过康德。您可能要问:为什么读康德?不知为何,这对我来说是个问题:我要么研究哲学,要么投水自尽。但这并不是因为我不热爱生活!不是的!我之前就说过——我必须理解。

高斯:是的。

阿伦特:理解的需求很早就有了。您看,所有的书都堆在家里,人们从书架上把它们拿下来。

高斯:除了康德之外,您是否有什么特别难忘的阅读体验?

阿伦特:有的。首先是雅斯贝尔斯的《世界观心理学》,我想是在1920年出版的。① 那时我十四岁。后来我

---

① 卡尔·雅斯贝尔斯的《世界观心理学》(*Psychologie der Weltanschauungen*)一书于1919年初版。

读了克尔凯郭尔，就这么接上了。

高斯：也包括神学吗？

阿伦特：是的。这两者对我来说是一体的，就成了这样子。但如果是个犹太人，此时要怎么做，会怎么进展下去呢？这是我仅有的顾虑。我完全想不出来，不是吗？我那时曾有严重的忧虑，后来却轻易就化解了。① 古希腊语是另一回事。我一直喜欢希腊诗歌。而诗歌在我的生活中起了很大作用。所以我选了古希腊语，因为这是最方便的。我总归要读希腊语的书。

高斯：向您致敬！

---

① 扬-布鲁尔提及，汉娜·阿伦特"想去参加鲁道夫·布尔特曼的《新约》研讨课时，需要先与这位神学家进行面谈以得到许可。她毫不含糊地告诉布尔特曼（事实上，这句话如此明确，以至于每次她和汉斯·乔纳斯回忆起这个故事时，都会原封不动地引用）：'不能有反犹主义的言论。'布尔特曼是一个安静且友善的人，他向她保证，如果在研讨课上有任何反犹言论，'我们两个人将处理这种情况'"。Elisabeth Young-Bruehl, *Hannah Arendt: Leben, Werk und Zeit*, aus dem Amerikanischen von Hans Günter Holl, Frankfurt am Main: Fischer, 1992, S. 107f.

阿伦特：不，您言重了。

高斯：阿伦特女士，您的智力天赋很早就得到证明——在您中小学和大学青春时期，这种天赋是否偶尔会将您与周围人的正常行为分隔开，或许以一种痛苦的方式？

阿伦特：如果我早知道的话，那肯定应该是这样的。我当时还以为每个人都是如此。

高斯：您是什么时候意识到这个错误的？

阿伦特：相当晚。我不想说。我很惭愧。我的天真简直无法形容。部分原因是我在家里的成长经历。我们从未谈论过。从未讨论过分数。它被认为是低劣的。在我家中，任何野心都被认为是低级的。总之，我并没有真正意识到这一点。不过我有时会意识到，在人群中有一种陌异感。

高斯：您认为从您身上散发出一种陌异感？

阿伦特：是的，绝对。但这与天赋无关。我从来没有把这与天赋联系起来。

高斯：在您年轻的时候，这是否偶尔导致您蔑视他人？

阿伦特：是的，这种情况出现了。很早就发生了。而且我有时也会受到这种蔑视的折磨。就是说，您其实不应该那样做，其实不应该被允许那样做，等等。

高斯：您1933年离开德国时，去了巴黎，您在那里加入了一个组织，试图安置巴勒斯坦的犹太青年。您能跟我讲讲这方面的一些情况吗？

阿伦特：这个组织①把十三岁至十七岁的犹太儿童和青年从德国带到巴勒斯坦，把他们安置在基布兹②。所以我其实挺熟悉这些定居点的。

---

① 指青年阿利亚（Jugend-Alijah）。
② 基布兹（kibbutz）是希伯来语"团体"的意思，是以色列的一种混合共产主义和锡安主义的乌托邦集体社区，社区里的人没有私有财产，工作没有工资，衣食住行教育医疗都是免费的。外人可以自愿加入基布兹，里面的成员也可以自愿退出。过去主要从事农业生产，现在也从事工业和高科技产业。——译注

高斯：而且是从很早的时候开始。

阿伦特：从很早的时候开始；那时我对它非常钦佩。孩子们接受了职业培训、再教育。我还从几个地方偷偷输送了波兰儿童。这个组织的社会工作、教育工作已经成为常规。农村有大型营地，孩子们在那里做准备，在那里上课，在那里学习农活，最重要的是他们必须在那里增重。人们必须让孩子们从头到脚穿戴整齐，还得给他们做饭。最重要的是，您必须给他们办理证件，必须和他们的父母进行谈判——最重要的是您必须为他们弄到钱。这在很大程度上是由我负责的。我和法国妇女一起工作。大概就是这些活动。您想听我讲讲，当初为什么决定承担这项工作吗？

高斯：请讲。

阿伦特：您看，我之前从事的是纯粹的学术工作。而在这方面，1933年给我留下了非常深刻的影响。首先是积极的，其次是消极的——也许我应该说，首先是消极的，其次是积极的。今天的人们常常认为，1933

年,德国犹太人受到冲击是因为希特勒夺权。但就我和我们这一代人来说呢,我可以说,这是一个奇怪的误解。这当然是很糟糕的事情。但这事关政治,并不是针对个人。纳粹是我们的敌人。我的上帝,不需要希特勒上台我们就能知道这一点。对任何不是低能儿的人来说,这一点至少在四年前就已经完全昭显。我们也知道,很大一部分德国人在背后支持他。1933年,我们没有对此感到震惊。

高斯:您的意思是说,1933年令人震惊,是因为这些进程从一般的政治领域转向了个人领域吗?

阿伦特:不,完全不是。或者说,也包括了这种情况。首先,只要人们移民,一般的政治问题就变成了个人命运。而其次呢,您知道一体化①是怎么一回事。这就意味着,朋友也要相互同步,相互一体化!问题——或者说涉及个人的问题——并不是我们的敌人做了什么,而

---

① 纳粹一体化政策(Gleichschaltung)的目标是将德国人所有的生活领域纳入至高的纳粹机器中,反对这一过程的任何东西或任何人都不能信任,以此将德国人卷入纳粹权威之下。——译注

是我们的朋友做了什么。当时一体化浪潮中发生的一切都是自愿的,至少还没有面临恐怖造成的压力:当时人们身边仿佛形成了一个空洞的空间。我生活在一个知识分子的环境中,但我也认识其他的人。我可以确定,在知识分子群体中,一体化可以说是常规。但在其他人当中不是。而我永远不会忘记这一点。我离开德国时,支配着我的想法是——当然有些夸张——再也不要这样!我此后再也没有触碰过任何关于知识分子的历史。我不想与这个群体有任何瓜葛。当然,就算德国犹太人和德国犹太知识分子处在与当时不同的另一种情况里,我也不认为他们的行为会有本质的改变。我曾经反对这种观点。我曾经认为这与这份职业有关,与知识分子的本性有关。我是在说过去。现在我知道得更多了……

高斯:我正想问您呢:您现在依然这么想吗?

阿伦特:现在没有那么尖锐了。但所有这些事情的本质可以说是,人们能为每件事情编造出一些想法,我现在依然这么认为。

您看,如果有人因为要照顾妻儿而让自己一体化,那么人们绝不会对此不满。糟糕的是,他们后来真的相信了!在短时间内,有些人是在非常短的时间内。但这意味着,他们编造出了一些关于希特勒的想法。其中一些是无比有趣的想法!完全是梦幻般有趣又复杂!而且远在普通水平之上!我觉得这很怪诞。今天我会这么说:他们陷入了自己想法的陷阱。这就是曾经发生的事情。我当时并没有预估到这一点。

高斯:所以您当时决绝地离开了这些圈子,投身于实际工作,因为出走对您来说有特殊的价值?

阿伦特:是的,积极的一面是这样的——我悟出了一个道理,那时候我反复用一句话来表述,我自己也一直在反思:"如果人们因为犹太身份受到攻击,那就必须捍卫自己的犹太身份。"不是因为德国身份,也不是因为是世界公民,或者因为人权之类的。而是:作为一个犹太人,我具体可以做些什么?另外,还有明确的意图:现在我真切地想要让自己进入一个组织。这是第一次。当然,我是要与犹太复国主义者在一起。他们是唯一准备好的群体。我的意思是,如果加入同化论者①,那根本就没有意义。顺便说一下,我真的和他们一点关系都没有。我自己以前也处理过犹太人的问题。我离开德国时,关于拉赫尔的工作已经完成。② 那段工作就涉及犹太人的问题。当时我就把这些都归结到"我想理解"的意义之下。我那时讨论的并不是我个人的犹太问题。但是现在,犹太教的归属变成我自己的问题。而我自己的问题是一个政治问题。纯粹是政治性的!我想要从事实际工作,并且——我想专门从事犹太工作。在这个意义上,我选择前往法国。

---

① 纳粹时期,财政部颁布了一系列法令,旨在剥夺犹太人的财产并将他们驱逐到国外。在犹太人大规模向外移居这个问题上,德意志犹太人内部分化出思想倾向不同的三个圈子:非犹太复国主义组织、犹太复国主义组织和同化论者集团。犹太复国主义组织极力劝说所有的犹太教徒向巴勒斯坦移居。同化论者集团则主张继续待在德国。同化论者认为,犹太人已经与德意志民众紧密地联系在一起。但这种迎合态度并不能让纳粹当局放松他们的反犹政策。——译注
② 即《拉赫尔·瓦恩哈根:浪漫主义时期一名德国犹太女性的生平》。在写于1958年的序言的开头,汉娜·阿伦特告诉我们,她在1933年离开德国时,手稿已经完成,"除了最后两章"。她在1937年或1938年移居巴黎时写下了最后两章。该书于1958年首次以英文出版。

高斯：直到1940年。

阿伦特：是的。

高斯：然后您在"二战"期间抵达美国，现在您是政治理论学教授，不是哲学教授……

阿伦特：谢谢您。

高斯：……您在芝加哥工作，住在纽约。您1940年结婚，丈夫是美国的哲学教授。1933年，学术界曾让您倍感失望，现在您又成为其中一员，这个组织已经国际化了。不过我还是想问您：希特勒之前的欧洲永远不复存在了，您是否还会怀念那个时代？您回到欧洲，在您看来，有哪些东西还在，哪些已经无可挽回地失去了？

阿伦特：希特勒之前的欧洲？我不能说我毫无渴望。还剩下什么？还剩下语言。

高斯：这对您来说意义重大吗？

阿伦特：非常大。我一直有意识地抵抗母语的丧失。我曾经说流利的法语，现在用英语写作，但我一直与法语和英语保持一定的距离。

高斯：我正想问您：您现在用英语写作？

阿伦特：我用英语写作，但我一直保持距离。母语和所有其他语言之间有很大的区别。就我本身而言，我完全可以说：我能用德语背诵相当多的德语诗歌。它们总是不知不觉就浮现在我的脑海；当然现在再也做不到了。我允许自己用德语做一些事，但决不允许自己用英语做。也就是说，我现在时不时也允许自己用英语做，因为我现在变得放肆了，但总的来说我一直保持这种距离。无论如何，德语是保留下来的最根本的东西，我也一直有意识地保留着它。

高斯：即使是在最痛苦的时候？

阿伦特：一直如此。我思考过，究竟应该做什么。毕竟，发疯的不是德语。其次，母语是不可替代的。人们会忘记母语。这倒是真的。我见过这样的人。他们外语说得比我好。我说话时口音还是很重。我经常说不出习语,而他们都能做到这一点。但他们说这种语言时满是陈词滥调,因为当人们遗忘母语时,母语中蕴含的创造力也被切断了。

高斯:母语被遗忘的情况,据您看来,是不是压制造成的后果?

阿伦特:是的,经常如此。我在许多人身上体会到了这一点,令人震惊。您知道,具有决定意义的不是1933年,至少对我来说不是。具有决定意义的是我们知晓奥斯威辛集中营的那天。

高斯:那是什么时候?

阿伦特:那是1943年。起初我们并不相信。虽然我丈夫和我实际上总是在说,这帮人什么事都干得出来。但我们不相信这件事,也是因为这在军事上完全没有必要,也不需要。我丈夫曾是一名军事历史学家,他对军事有所了解。他说,不要相信那些故事;他们不可能这样做!而六个月后,我们还是相信了,因为我们看到确有其事。那是真正的震惊。在这之前,我们对自己说:好吧,我们有敌人。这是很自然的。为什么一个民族不应该有敌人?但这是不同的。这真的就像深渊被打开了一样。因为人们曾抱有这样的想法:其他一切应该都能以某种方式得到弥补吧,就像在政治上,一切都能以某种方式得到弥补。但这次不能。这本来是绝不应该发生的。我指的不是受害者的数量。我说的是尸体的产生,等等——我不需要进一步解释了。这本不应该发生。但还是发生了我们所有人都无法应对的事情。关于发生的所有其他事情,我不得不说,有时挺困难的:您很穷,您被迫害,您不得不逃亡,您不得不欺骗,等等;就是这样的。但我们当时很年轻。我甚至觉得这些事挺有意思。我无法否认。但这件事,这件事不是这样。这是完全不同的。而其他一切都是个人可以消化的。

高斯:阿伦特女士,您经常访问战后德国,而且您最重要的作品都在德国出版了。我很想知道,自1945年以来,您对德国的判断发生了什么变化,如果有的话?

阿伦特:我在1949年第一次回到德国,当时是代表一个犹太组织来拯救犹太文化遗产,基本上是书。① 我是带着非常好的意愿来的。我从 1945 年以来的想法是这样的:无论 1933 年发生了什么,实际上——从后来发生的事情来看——都是微不足道的。不过——如果可以说得恶劣一点——朋友的背信弃义……

高斯:是您亲身经历过的……

阿伦特:当然。但是您知道,如果有人在那个时候真的成了纳粹,然后写了相关文章,他不需要对我保持个人忠诚。反正我也没再跟他说过话。他不需要再和我联系,他在我这儿已经查无此人了。肯定是这样。但他们并不都是杀人犯。他们只是一些落入自己陷阱的人,就像我今天说的那样。后来发生的事,也不是他们期望的。因此在我看来,奥斯威辛这个深渊恰恰应该产生一个基础。而在许多个人事务中也是如此。我和人们有过争论;我不是很友好,也不是很有礼貌,我只是表达我的观

---

① 从 1949 年到 1952 年,汉娜·阿伦特在犹太文化重建委员会(纽约)担任执行秘书。1949 年 11 月至 1950 年 3 月,她以这个身份在欧洲逗留。

点。但不知何故，这些事情让一些人跟我形成对立。正如我所说，他们都只是偶尔给纳粹工作过几个月，最坏的情况下做过几年；既不是杀人犯，也不是告密者。正如我所说：一些编造出关于希特勒的想法的人。但总的来说，回到德国最大的体验——除了重新认识的体验之外，这在希腊悲剧中可总是剧情转折点——就是巨大的震撼。除此以外，还有在街上说德语的经历。我的快乐简直难以言表。

高斯：您在1949年就有了这种想法？

阿伦特：或多或少已经有了。而今天，当事情——我们这么说吧——重回正轨的时候，德国国内发生的变化比以前更大，比当年我处在震撼中时还要大。

高斯：因为您觉得这里的形势重回正轨的速度太快？

阿伦特：是的。而且有时候我也不赞同这条轨道。但我觉得自己无须为此负责。我是从外部视角来观察的，不是吗？而这意味着我现在的参与度比当年要低得多。这也可能是时间的缘故。您听听看哪，十五年可不是不足挂齿的一段岁月！

> 高斯：所以您感到更漠然？
> 阿伦特：是疏远。漠然有点过了。但疏远是真的。

> 高斯：阿伦特女士，您关于艾希曼在耶路撒冷受审的书今年秋天在联邦共和国出版了。自出版以来，这部作品在美国一直是被热烈讨论的话题。特别是犹太人群体，有人对您的书提出了反对意见，您说这些异议部分是由于误解，部分是因为受操控的政治运动。人们的不满情绪很大，主要是因为您想要解决的一个疑问，即犹太人曾对大屠杀采取了消极默许的态度，他们在多大程度上应该为此受到指责，或者说不论如何，某些曾表示配合的犹太委员会在多大程度上几乎可以被视为共犯。且不管结论是什么——在我看来，这本关于艾希曼的书中产生了许多关于汉娜·阿伦特的形象的问题。请允许我先说说这个：偶尔会有人指责您的这本书缺乏对犹太民族的爱，这是否会让您感到痛苦？

> 阿伦特：首先，请允许我善意地指出，您当然也已经

成为这场运动的受害者了。我没有在书中任何地方指责犹太人民缺乏抵抗意志。这样做的另有其人,就是艾希曼审判中以色列检察官办公室的豪斯纳先生。他对耶路撒冷的证人提出了这方面的问题,我称这些问题是愚蠢又残酷的。

高斯:我已经读了这本书。我知道这一点。只是人们对您的一些指责是基于一些段落的语调。

阿伦特:嗯,这是另一件事。我没什么好反驳的。我也不想对此发表观点。如果人们认为只能用感伤的语调谈论这些事情……您看,有些人讨厌我说的一些话,在某种程度上我可以理解。也就是说,我仍然可以笑着谈论它。但我真的认为艾希曼是个小丑,我告诉您。我读了他的警方审讯报告,三千六百页,我读得非常仔细。我不知道笑了多少次,但都是大声笑!人们反感我的这种反应。我对此无能为力。但我确实知道一件事:假如我确定要死了,那我可能会在死前笑上三分钟。而他们说这就是我的语调。当然,这个语调主要是嘲弄。而这是完全正确的。在这种情况下,这种语调才是人的反应。他们指责我可能是在谴责犹太人:这是一个恶意的宣传谎言,仅此而已。但是语调,这是对我这个人的异议。对此我无能为力。

高斯:您准备好承受这些了吗?

阿伦特:哦,很乐意。不然还能怎么做?我不能告诉人们:你们误解我了,其实我心里想的是这个、是那个!这很荒唐。

高斯:联系到这一点,我想回到您的一份个人陈述上来。其中提道:"我从未'爱'过任何民族或集体,无论是德国人、法国人,还是美国人,或者工人阶级或其他什么人。实际上,我只爱我的朋友,完全没有能力进行其他的爱。"但最重要的是:"这种对犹太人的爱会让我感到怀疑,因为我自己就是犹太人。"[①]请允许我就此提几个问题。作为有政治行为能力的人,难道不需要与一个群体建立联系吗?这种联系在某种程度上也可以称为爱?您

---

① 引自致格哈德·肖勒姆的信。

不担心您的态度可能导致政治上的无果吗?

阿伦特:不会。我想说的是,另一种才是政治上的无果。群体的归属首先是一种自然的既定事实。人们一出生就属于某个群体,总是如此。但您所说的是第二种意义上的群体归属,即让自己加入某一组织,那是完全不同的东西。这种组织总是在与世界的关系中。这意味着,能让人们以这种方式组织起来的共同点就是通常所说的利益。直接的个人关系,那种可以谈起爱的关系,最大程度上肯定存在于真正的爱中,某种意义上也存在于友谊中。在这种关系中,人们直接表达自我,不依赖各自与世界的关系。通过这种方式,来自不同组织的人仍然可以成为私密朋友。但是如果把这些东西混为一谈,如果把爱带到谈判桌上,我说得难听一点,那会是非常大的祸患。

高斯:您认为它是非政治性的?

阿伦特:我认为它是非政治性的,我认为它是非世界性的。而且我真的认为这是非常大的灾难。我承认,犹太民族是非世界性的民族联盟的典范,它历经几千年而不衰。

高斯："世界"在您的术语表中可以被理解为政治空间。

阿伦特：对，政治空间。

高斯：所以犹太民族是不讲政治的？

阿伦特：我不能完全这么说，因为公社在某种程度上当然也是政治性的。犹太教是一种民族宗教。但政治的概念受到非常大的限制。犹太民族在离散中遭受了失去世界的痛苦，这种失去感在归属于犹太民族的人之间产生了一种非常特殊的温暖，就像所有被抛弃的民族一样。这种情况在以色列建国后发生了变化。

高斯：是否有什么东西随之消失了，而它们的消失让您感到悲哀？

阿伦特：是的，人们为自由付出了沉重的代价。"失去世界"这一点所展现出的犹太人的人性是非常美好的。您太年轻了，您完全没机会体验了。这曾是非常美好的：

这种处在所有社会关系之外的状态,完全没有偏见的状态,我在我母亲身上强烈感受到了这种无偏见,她在对待犹太人群体时也是如此。当然,所有这些都遭受了重创。一个人要为解放付出代价。我曾在我的"莱辛演讲"中说过……

高斯:1959年在汉堡。

阿伦特:是的,我那时候说:这种人性在解放的日子里,在自由的日子里,存活不了五分钟。[1] 您看,这也发生在我们身上。

高斯:您不想回头?

阿伦特:不想。我知道人们必须为自由付出代价,但我不能说我喜欢付出代价。

高斯:阿伦特女士,您通过政治哲学的预测或社会学

---

[1] 参见 Hannah Arendt,»Gedanken zu Lessing: Von der Menschlichkeit infinsteren Zeiten«, in *Menschen in finsteren Zeiten*, S. 17–48, S. 32。

分析获得见解,您是否对此很投入,觉得有责任公开您的见解?还是说,您认识到了允许隐瞒已知真相的原因?

阿伦特:是的,您知道,这是一个非常困难的问题。在关于《艾希曼》的所有争论中,这基本上是唯一让我感兴趣的问题。但直到我自己提出,这个问题才出现。这是唯一严肃的问题。其他一切都只是宣传。那么就算世界毁灭,也要说出真理(fiat veritas pereat mundus)?这么说吧,《艾希曼》事实上并没有触及这些问题。基本上,没有谁的合法利益真正受到这本书的影响。只是人们这样相信罢了。

高斯:而您必须公开讨论什么是合法的,您一定会这么做。

阿伦特:是的,对。您是对的。什么是合法的仍然有待辩论。不过我对"合法"的理解可能与犹太组织不同。但现在让我们假设起作用的是真正的利益,这种利益我也认可。

高斯:那人们是否能隐瞒一个公认的事实?

阿伦特：我是否会做这种事？会的！不过我可能会写出来……您看，有人问过我：如果您能预见这样那样的事，您难道不会用另一种方式写《艾希曼》？我回答说：不会。我本来就面临着写或不写的选择。人们可以选择缄口不言。

高斯：是的。

阿伦特：人并不是总要开口的。但现在出现了以下情况：我们现在要讨论的是在18世纪被称为"事实真理"（Tatsachenwahrheiten）的问题。毕竟它只关乎事实真理，而非意见。这么说吧，大学的历史科学是这些事实真理的守护者。

高斯：它们并不总是最好的。

阿伦特：对。它们崩塌了。它们接受了国家的指令。有人跟我说，某位历史学家这样评论某本关于"一战"起源的书：我不会让它毁掉我对那个振奋人心的时期的记忆！这就是一个不清楚自己身份的人。但这并不有趣。事实上，他是历史真理、事实真理的守护者。我们知道这些守护者有多重要，历史往往会被改写，而事实仍然不为人知。我们想往这个方向走吗？政府对此有兴趣吗？

高斯：兴趣可能是有的。但他们有权利这样做吗？

阿伦特：他们有权利这样做吗？他们似乎自己都不相信有这个权利，否则他们根本就不会容忍大学存在。不过国家绝对也对真相感兴趣。我这里指的不是军事机密；那是另一回事。这么看吧，这些故事可以往前追溯大约二十年。为什么不该说出真相呢？

高斯：也许二十年还是太短了？

阿伦特：有些人是这么说的，但也有人说，二十年后根本无法挖掘真相了。这意味着，无论怎样都有人急切地想要洗白自己。但这并不是合法的。

高斯：所以您如果有疑惑，就会让真相先行。

阿伦特：我可能会说公正——很早就降临世界，当荷马……

高斯：战败者也……

阿伦特：对！"当歌声对战败者缄默，那便让我为赫克托耳见证"[1]，对吗？这就是荷马所做的。之后是希罗多德，他说："希腊人和野蛮人的伟大事迹……"[2] 从这种精神中产生了所有的科学，甚至是现代科学，还有历史科学。如果一个人假装很爱他自己的人民，又不停地"谄媚"人民，那他就没有能力做到这种公正——嗯，那他什么也做不了。我认为，这种人民不是爱国者。

高斯：阿伦特女士，您在最重要的作品之一——《论积极生活》——中得出结论，现代已经废止了公共精神，即政治至上的意识。您认为现代社会现象就在于大众的去根和弃置，而且在这个社会中，获胜的是那些在单纯的工作和消费过程中能够获得满足的人。我对此有两个问

---

[1] 席勒的诗《胜利节日》（»Das Siegesfest«）中的几句。准确的原文是："'因为歌声缄默不提/被战胜之人，/所以我将为赫克托耳做证'，/举起堤丢斯的儿子……"
[2] 暗指希罗多德《波斯史》的第一句话，其中写道，故事的目的是防止"部分由希腊人、部分由野蛮人完成的伟大而奇妙的事迹被遗忘"。另见 Hannah Arendt, *Was ist Politik?*, S. 92。

题。首先，这种哲学洞见在多大程度上取决于个体经验，毕竟是个体经验启动了思维过程？

阿伦特：我不相信没有个体经验还能有思维过程。所有的思考都是细细思虑，对事情的仔细思虑。不是吗？我生活在现代世界，我的经验自然来源于现代世界。顺便说一下，许多其他人也确认了这一点。您看，关于只工作、只消费的事情之所以非常重要，就是因为它再次显示了"失去世界"的一面。人们不再关心世界的模样。

高斯："世界"总是被理解为政治产生的空间。

阿伦特：现在这个空间比事物公开的空间还要大——这个公开空间是人们生活的空间，必须看起来体面。当然，艺术也出现在其中。一切可能的东西都出现在其中。您想想看，肯尼迪试图完全拓展公众的空间，他邀请诗人和其他无所事事之人到白宫。所有这些都可能被归入这个空间。然而，人们在工作和消费中的的确确被完全抛回自身。

高斯：抛回生物性。

阿伦特：抛回生物性和自身。在这里您可以看到与弃置的关联。一种特殊的弃置在工作过程中产生了。我现在不能在这里讨论这个，不然就跑题太远了。而这种弃置就是被抛回自身，这样一来，消费就在一定程度上取代了所有本来相关的活动。

高斯：第二个问题就关于这个。您在《论积极生活》中得出的结论是，"面向世界的实际经验"——指的是最高政治级别的见解和经验——"正日渐退出普通人的生存经验范围"。您说，现在"行动的能力被束缚得更厉害"[1]。这在实际政治中意味着什么，阿伦特女士？在这种情况下，一种基于所有公民的共同责任——至少在理论上如此——的国家形式在多大程度上成为一种虚构？

阿伦特：是的，我想稍微限制一下。您看，首先，不仅广大民众缺乏这种根据现实确定方向的能力。这种能力缺失也存在于所有其他阶级中。我觉得可以说，即使是政治家也一样。政治家被包围了，被一支专家组成的军

---

[1] Hannah Arendt, *Vita activa oder Vom tätigen Leben*, S. 316f.

队团团围住。实际上,政治家和专家之间是存在行动这一问题的。毕竟,政治家必须做决定。而他几乎不能根据现实来做决定。他不可能知道一切。他必须从专家那里获取信息,而这些专家原则上总是各执一词。不是吗?每个明智的政治家都会听取相左的专家意见。因为他必须从不同方面来看待问题。难道不是这样吗?他必须从中做出判断。而这种判断是一个极为神秘的过程。正是在这个过程中,公共精神得到了体现。现在,关于大众,我想说的是:只要人们聚集起来,不管多大规模,都会形成公共利益。

高斯:一直如此。

阿伦特:公共领域也就形成了。美国仍然存在着这些自发形成的联盟,它们之后又会解散——托克维尔已经谈论过这种"协会"(associations)——在美国您可以清楚看到这种组织。现在,有些公共利益涉及某一特定群体、一个街区,甚至只是一栋房子,或一个城镇,或另外一些群体,然后这些人就会走到一起,他们有很好的能力公开对这些事件采取行动。因为他们可以通观这些事件的全貌。这就是说,您的疑问只适用于最高级别的最重大决定。而且请您相信我,政治家和普通人之间从原则上来看并没有多大区别。

高斯:阿伦特女士,您与您从前的老师卡尔·雅斯贝尔斯保持着密切关系,他是您永远的对话伙伴。您认为雅斯贝尔斯教授对您产生的最强烈的影响是什么?

阿伦特:您看,无论雅斯贝尔斯行至何处,言至何处,那里都会被点亮。他有一种毫无保留的态度,一种信任,一种无条件的言说方式,我在其他任何人身上从来都没有看到过。在我很年轻的时候,这就给我留下了深刻印象。他还将自由的概念与理性结合起来,我刚到海德堡时对这个概念是非常陌生的。我对此一无所知,尽管我读过康德。可以说,我是在实践中看到了理性。如果我可以这么说的话(我在没有父亲的情况下长大):我在雅斯贝尔斯那里接受了教育。看在上帝的分上,我不想让他为我负责,但如果有哪个人成功地让我恢复了理性,那么肯定是他。而这种对话在今天当然是非常不同的。实际上,这是我在战后最强烈的体验。就是这些对话!人们可以这样说话!

高斯:请允许我提最后一个问题。您在致雅斯贝尔斯的一篇赞词中说:"人们从来都不是在孤独中获得人性,也不是通过把自己的工作移交公众来获得人性。只有把生命和自身付与'公共领域的冒险'的人,才能获得人性。"[1]这个"公共领域的冒险"——我再次引用雅斯贝尔斯的话——对汉娜·阿伦特来说在于何处?

阿伦特:公共领域的冒险对我来说似乎很清晰:在公众面前暴露自己,而且是作为一个人暴露自己。即使我也认为,一个人不能以自我反思的形象在公共场合出现和行动,但我知道人在每一次行动中的表现方式都和其他行为不一样。演讲也是一种行动方式。这是其中一种冒险。

第二种冒险是,我们开始做一些事情,我们将自己编入一张关系网。我们永远不知道会有什么结果。我们只能完全寄希望于这种观点:主啊,原谅他们的所作所为,

---

[1] Hannah Arendt, »Laudatio auf Karl Jaspers«, in *Menschen in finsteren Zeiten*, S. 89 - 98. S. 91.

因为他们不知道自己在做什么。这适用于所有行动,确凿无疑,因为人们不可能知道。这是一种冒险。而现在我想说的是,这种冒险只有在信任他人的前提下才有可能。也就是说,要信任所有人的人性——这种信任尽管很难准确把握,却是最根本的。没有其他办法。

在多伦多与友人和同事的讨论[①]

1972年11月,多伦多社会与政治思想研究会在约克大学和加拿大委员会的资助下,召开了关于汉娜·阿伦特的会议(主题为"汉娜·阿伦特的作品")。

他们邀请汉娜·阿伦特作为嘉宾出席,阿伦特回答说她更愿意作为与会者出席。当然,这个愿望得以实现。在为期三天的思想和观点交锋中,她自发展示了自己思想和思维方式的各个方面——促使她回应的既有

[①] 卢茨译自 Hannah Arendt, »On Hannah Arendt«, in Melvyn Hill (Hrsg.), *Hannah Arendt: The Recovery of the Public World*, New York: St.Martin's, 1979, S. 301 - 339。

直接的问题、断言或挑战性的批评,也有大会报告。幸运的是,我们考虑到日后的出版,已经将讨论同步记录下来。

我这里介绍的是阿伦特在谈话中提出的一些观点,并摘录了她对不同与会者的较长的回应,与会者包括一些著名的思想家和作家,但也包括读者可能不熟悉的一些人。这些报告被选中,是因为它们触及了阿伦特思想中具有争议性的某些方面,或者是因为它们有助于阐明她作品中的问题领域。本文按照它们所反映的主要主题和问题进行一一介绍,并未按照它们在会议期间出现的顺序排列。

在辩论中,论点会比较分散,为了赋予它们书面形式,我不得不——需要一个用来评估的回旋余地——把它们从各自的语境中提炼出来。我的主要目的是澄清阿伦特的思想,同时公正对待那些对话者对阿伦特的关切和批判。……我公布了录音,给读者创造一次机会,让他们能了解汉娜·阿伦特是如何向在场听众阐述自己作品的。在这个过程中,她似乎经常保持最终话语权。但鉴于这一印象可能是我的加工处理造成的,请允许我这样说：我不想给人留下这样的印象，即阿伦特总是成功地满足她的批评者，启迪她的挑战者！此外，我特意保留会议的原氛围，所以没有把偶尔出现的外语句法或词语翻译成适当的英语。[1]

梅尔文·希尔

思考和行动

汉娜·阿伦特（以下简称阿伦特）：理性赋予我们思考的能力，它本身有一种让人行动的需求。哲学家和形而上学家们垄断了这种能力。这导致了非常伟大的事件发生。但这也带来了令人相当不快的事情。

——我们忘记了每个人都有思考的需求，不是抽象地思考，不是回答上帝、不朽这样的终极问题，而是在他活着的时候除了思考不做别的。而且他持续这样做着。

---

[1] 本文译者尽可能地遵循这些准则，但不时发现有必要对记录的文本进行澄清。在文中标记这些偶尔的介入不太恰当，会降低文本的可读性。因此，文中省略了相应的注解，也未插入括号。此外，原书编者的标记也没有被采纳。

谁想要讲讲半小时之前在街上经历的事,都必须采用一种形式来讲述故事。而这种将故事纳入一种形式的做法就是一种思考。

在这方面有一件事,甚至可以说令人欣慰,即那些曾被康德讥讽为"职业思想家"的人已经无法再垄断思考。我们可以开始绞尽脑汁地思索,思考对于行动意味着什么。好吧,我承认一件事。我想承认,我——当然——主要对理解感兴趣。这绝对是正确的。而且我承认,还有一些人主要对行动感兴趣。但对我来说不是这样。我即使不做什么也可以很好地活着。但如果我不能起码试着理解所发生的事情——无论这事情是什么——那我就活不下去。

不知为何,这在黑格尔的意义上得到了确立,而我认为在这种意义上,起核心作用的是和解,即会思考、有理性的人类的和解。这就是世界上实际上发生的事。

除了思考,我不知道其他的和解方法。当然,我的这种需求通常比政治理论家要强烈得多——他们需要把行动和思考统一起来。因为他们想行动,不是吗?而我认为,正是因为我或多或少从局外人角度观察行动,所以我对行动有了一些理解。

在生活中,我曾有几次因为别无他法而采取行动。但这不是我真正的冲动。您可能从这种强调中推导出一些欠缺之处,我几乎会毫无异议地承认所有欠缺,因为我认为这很可能就是欠缺所在。

C. B. 麦弗逊(以下简称麦弗逊)[1]:阿伦特女士是否真的宣称,一个人不能又是政治理论家又投身于行动?当然不是!

阿伦特:不是,但人们说得对,思考和行动不是一回事。鉴于我想要思考的程度,我必须从世界中退隐。

麦弗逊:但是对于政治理论家、政治理论领域的教师和作家来说,教学或理论研究具有和行动相同的重要性。

阿伦特:教学是另一回事,写作也是。思考的纯粹性是与之不同的——亚里士多德在这方面是正确的……您知道,所有现代哲学家都会在作品的某处写下一个相当

---

[1] 在贡献者名单中记为:多伦多大学政治经济学荣誉教授。

抱有歉意的句子,即:思考也是行动。哦,不,不,绝对不是这样。这么说是很不诚实的。我认为我们应该面对事实:这是不一样的!恰恰相反。我必须在很大程度上放弃参与,放弃对义务的允诺。

有一个古老的故事,据说出自毕达哥拉斯,是关于去参加奥运会的人。毕达哥拉斯说,有些人去那里是为了竞赛,有些人是为了做生意,而最好的人则坐在奥林匹亚的圆形剧场里,是为了观赛。① 这意味着,那些观赛的人最终得到了最重要的东西。而且这种区别必须保持下去——如果没有别的,那就以诚实的名义。

是的,我相信思考对行动有影响——对行动的人有影响,因为思考和行动是同一个我。但理论没有影响。理论只有通过改变意识才能影响行动。您有没有想过,您必须改变多少人的意识?如果您没有这样具体思考过,那就想想人,也就是说,想想现实中不存在的一个名词、一个概念。而阐释这个名词时——无论是马克思的

---

① Diogenes Laertius, *Leben und Meinungen berühmter Philosophen*, Ⅷ, 8.

类本质①、人、世界精神还是其他什么——总是要依照一个个体的人的形象。

如果我们真的相信——我想我们都相信——多元统治地球,那么我们将不得不修改这种理论与实践统一的想法,连那些曾经尝试过的人都无法再认出它来。我真的相信,人们只能"协作"②,与他人一起行动;我也真的相信,人们只能独自思考,与自己一起思考。在这里,我们有两个完全不同的"存在"的立场,如果您想要这么说的话。而有些人相信,理论对行动有某些直接的影响——只要把理论看作一种被思考出来的东西。也就是被想出来的东西。我认为真的不是这样,也永远不会是

---

① 费尔巴哈之前的哲学家认为,"人"只有通过人之上的"神"才能认知自身的主体性。而费尔巴哈提出,"人"就是人的"最高本质",所以人通过"人"来确认自己,要将人自身"对象化",对象化之后的自我存在即人的"类本质"(Gattungswesen),人观照自己的"类本质"来确立自己的主体性。马克思认为,人在改造对象世界的过程中证明自己是类存在物。也就是说,人在实践活动中实现了自己的类本质。——译注
② "要协作行动"(to act in concert)是汉娜·阿伦特喜欢使用的一个表述,借用自埃德蒙·柏克的《论当前不满情绪产生的原因》(»Thoughts on the Cause of the Present Discontents«, 1770)。

这样。

《论积极生活》的主要缺陷和错误在于：我仍然从"沉思生活"的角度来看待传统中所谓的"积极生活"，而从来没有说过关于"沉思生活"的真实情况。

在这里，从"沉思生活"的视角来看，已经存在第一个谬误。因为前辈加图的诗句中已经涵盖了思考中的我的基本经验，我在书的结尾引用了这句话①：当我什么都不做的时候，我是最活跃的，而当我完全和自己在一起的时候，我是最不孤独的。（加图这句话非常有趣！）这是一种纯粹的、不受任何生理或身体障碍所干扰的体验。但是，当您开始行动的时候，您就在和这个世界打交道，您不断地被自己的脚绊倒，此外您还带着您的身体——正如柏拉图所说：身体总是要求被照顾，让它见鬼去吧！

所有这些都是从思考的经验中得出的。我目前正在

---

① "Numquam se plus agere quam nihil cum ageret, numquam minus solum esse quam cum solus esset."阿伦特在《论积极生活》的结尾处翻译道："一个人什么都不做的时候最积极，一个人在孤独中与自己相处时最不孤独。"

努力撰写这方面的文章。而出发点将是加图的这种想法。[①] 但我还没有准备好向您汇报。我完全不能确定在这个问题上会取得成功。因为尽管人们很容易谈论形而上学的谬论，但这些形而上学的谬论当中的每一个——它们确实是形而上学的谬论——都有其真实的根源，来源于某种经验。也就是说，如果我们把它们当成教条扔出窗外，我们必须同时知道它们从何而来。所以我们必须问：这个有思想、有意志、有判断力的我，换句话说，这个被纯粹的精神活动占据的我拥有什么经验？这么说吧，这方面我已经有了很不错的计划——只要我真的着手去做就行。这方面我还不能告诉您太多。

我隐约觉得，这个问题暗含着实用主义的意味：思考有什么好处？各位都在这里问（让我来组织一下语言）：老天哪，您究竟为什么要做这些？还有：独立于书写和教学的思考有什么好处？这是很难写出来的，且对我来说肯定比其他许多人更难。

[①] 本段指的是吉福德系列讲座（Gifford Lectures），玛丽·麦卡锡在阿伦特去世后将此系列结集出版，名为《精神生活》。加图的引文是第一卷《思维》（*Thinking*）的格言之一。另见下文。

在多伦多与友人和同事的讨论

您看,当涉及政治时,我有一定的优势。我天生就不是一个有行动力的人。如果我告诉您,我从来不是社会主义者或共产主义者——对我们这一整代人来说,主义是绝对自然的,所以我认识的人几乎都曾信仰某种主义——那么您可以看出,我从来不觉得有必要在政治上约束自己。直到最后——"最后有人用锤子砸我的头,我注意到了"①——可以说,这让我睁开眼睛看见现实。不过,我有从局外视角观察的优势,甚至从外面看我自己的内心。

但不是在这里,在思考的过程中。在这里,我直接进入内心。所以我非常不确定我能把握住内心。但无论如何,我感觉《论积极生活》需要第二卷,而我正在奋笔疾书。

克里斯蒂安·贝②:我对政治理论家的天职的想法与汉娜·阿伦特完全不同。但我也应该说,我是带着愉

---

① 原文为德语。
② 在贡献者名单中记为:多伦多大学政治经济学教授。

悦阅读汉娜·阿伦特的,不过是一种审美的愉悦。她是一位卓越的哲学家。我认为阅读她是非常美妙的,我关注她的散文、她对历史统一性的感知,她让我回想起所有那些伟大的事件,那些出自希腊人之口、在今天仍有一定意义的事件。但是从我的角度来看,她作品中的很多地方都有某种欠缺:不够重视现代问题。

我认为,《艾希曼在耶路撒冷》可能是她的书中最严肃的一本,因为她非常有力地展现了艾希曼是如何存在于我们每个人心中的。我认为这对政治教育有很大的意义,这可能涉及一个由来已久的主题,即与政治的关联性。但我发现,汉娜·阿伦特的作品在其他许多地方是缺乏这种东西的。我们有多大能力推行去中心化和人道主义,也许将取决于我们在多大程度上能找到方法对付我们内心的艾希曼,与他斗争、克服他,并成为公民——不过和通常意义上的公民这个词有完全不一样的意义。

权力与暴力到底有何不同,这种抽象的长篇大论让我非常不耐烦。我不仅想知道在一个我们都厌恶的不公正的世界里,公正是什么,而且想知道政治理论家如何才能让我们更投入、更有斗志、更有效——为公正而战,且

在多伦多与友人和同事的讨论

首先是为人类的生存而战。

汉娜·阿伦特说她完全不想"灌输"①,这让我感到不解。但我认为,这正是政治理论家的最高使命:尝试着灌输,当然是在一个多元化的宇宙中。如果我们严肃对待生存、正义等问题,那么在我看来,我们的首要任务是征服自由主义和宽容(这种情况导致的结果就是一种意见和另一种意见有同样多的合法理由)的海洋。如果我们没有热情地支持某些观点,我想我们都会迷失,因为事情将被允许沿着自己的路径发展:只要自由主义机构允许经济的主宰者继续发财——不仅可以牺牲世界上其他深陷贫困的地区,而且可以牺牲我们获取知识、信息和理解的渠道——那么权力总是趋向于不对称的分配。

按照我的理解,政治理论家这群政界男女的首要任务应该是尝试教育我们所有人,教育彼此,以找到方法来

---

① 英文是"to indoctrinate"(灌输)。阿伦特说过相应的表述——"我不想灌输",在讨论中被多次提及,其中"灌输"这个概念被赋予不同的含义。阿伦特本人显然是从拉丁文的字面意思来理解的,也就是说,她不想向她的学生、听众等传播任何"教义"(Doktrinen)。而对与会者来说,"教""教授"这些口语化的英语表述似乎更加突出。在下文中,"to indoctrinate"总是被翻译成灌输。

解决我们所有人面临的紧迫的生存问题。在这种关联之下还有最后一点。一个世纪前,人们可以赞成约翰·斯图亚特·穆勒的观点:从长远来看,真理将在思想的自由市场上得到认同。但首先我们没有太多的时间,其次缺乏思想的自由市场。

汉娜·阿伦特,我问您:作为政治理论家,我们能做什么来确保存在问题——这些问题的答案有时是正确的,同时也是错误的——让我们的同胞重归家园,让他们成为古代意义上的公民?

阿伦特:恐怕我们的观点大相径庭,我只能对这个问题稍做回应。

首先,您喜欢我的《艾希曼在耶路撒冷》一书,您说我宣称我们每个人心中可能都有一个艾希曼。哦,不!您心里没有,我也没有!这并不意味着没有相当数量的艾希曼存在。但他们看起来确实很不一样。我一直不喜欢"我们每个人心中的艾希曼"的说法。根本不是这样的。而相反的说法即艾希曼不在任何人身上,也是不真实的。以我看问题的方式来说,这比经常让我费心的大多数抽象之物还要抽象得多——如果我们所说的抽象是指:真的不是从经验中思考。

我们思考的对象是什么？经验！没有别的了！而当我们离开经验的基础，就能抵达一切可能的理论。政治理论家开始形成他的体系时，通常也会处理抽象的问题。

我不认为我们在您说的意义上有或者能有什么影响。我认为这种参与很容易使您走到一个不再思考的地步。在某些极端情况下，您必须采取行动。但这些都是极端的。然后就能看出来，谁是真正值得期待的——参与——的人，以及谁是真正愿意引颈就戮之人。

但是其他这些事——您从过去几年的发展中已经看到——或多或少是公众情绪的事。而公众情绪可能是我厌恶的东西，但我不会认为自己的根本任务是，喜欢就激起某种情绪，不喜欢就设置路障。

真正思考的人和理论学家都不愿意公开承认这一点，不愿意承认思考是有意义的——是的，他们反而认为只有个人的投入和参与才是有意义的。这也许是整个学科并非总是处于最佳状态的原因之一。人们显然不相信他们正在做的事情。

我不能白纸黑字地告诉您——而且我也极不愿意这

样做——这种思考在日常政治中会带来什么,我不会向人们灌输这种思考,而是试图在我的学生中唤醒这种思考。我完全可以想象,其中一个将成为共和党人,第三个将成为自由主义者或者别的什么人,天知道。但我希望……有一些极端事件明显是不思考导致的后果,也就是说,有的人真的决定不做某些我可能会奋力去做的事,他根本不想思考——我希望这些后果不会出现。也就是说,起决定性作用的是,当一切都处于危险之中时,他们将如何行动。基于这些情况,我会核验自己的假设,我会——我非常不愿意使用这个词,因为法兰克福学派,但是在这里,好吧——"批判性"地思考,我不允许自己重复公众情绪的陈词滥调。对于这一点,我想说,如果一个社会不尊重这些行为,那它肯定状态不佳。

迈克尔·格斯坦(以下简称格斯坦)[①]:我本人是一个政治行动派,或者说我感觉自己是这样的,我想知道您会如何指导我。或者您根本就不会指导我?

---

① 在贡献者名单中记为:新斯科舍省哈利法克斯市社会服务顾问。

阿伦特：对，我不会指导您的，而且我认为这样做很冒昧。我认为，当您和与您相似之人围坐桌边交换意见时，您应该受到指导。在这种情况下，指导应该能够产生：不是针对您个人，而是关于团体应该如何行动。

而我认为，如果一个理论家以任何其他方式告诉他的学生该怎么想、该怎么行动……我的天啊！诸位面对的是成年人！我们不是在幼儿园！真正的政治行动是以团体行为的形式表现出来的。您要么加入这个团体，要么不加入。您独自一人无论做什么，都不是一个真正的政治行动派，而是一个无政府主义者。

乔治·贝尔德（以下简称贝尔德）[①]：《论积极生活》对我的重要启示之一是您的观点，我认为这种观点部分来自马基雅维利：政治行动的适宜标准是名声而不是善良。是的，阿伦特女士在《论积极生活》中声称，善良可以在政治领域验证其激进的颠覆性。

在我看来，现在出现了一种戏剧性的挑战。按照我

---

① 在贡献者名单中记为：多伦多大学建筑学院的建筑师和副教授。

的理解,世界上所有政治活跃分子的动机都是很典型的,却都受到了质疑。而阿伦特女士在关于罗莎·卢森堡的文章中提到了卢森堡对不公平的感知,我相信她这么说过,她对此非常钦佩,并视之为卢森堡投身政治的出发点。

阿伦特女士一方面严苛地将名声而非善良看作适当的标准(由此,她有一个在现代世界中极其苛刻和非传统的立场),另一方面又对罗莎·卢森堡深表钦佩。现在有许多人渴望得到政治行动的指导。考虑到所有这些,如果她能够试图阐明这两者之间的关系,可能会让人们茅塞顿开。肯定有一种关系既能维持这种区别,又能澄清情况。

阿伦特:善良的事不是我提出的,而是马基雅维利。这涉及公共和私人之间的区别。但我也可以换一种说法。我想说的是,在成为好人的设想中,我的自我其实很重要。在我采取政治行动的那一瞬,我感兴趣的不是我自己,而是世界。这就是主要的区别。

对罗莎·卢森堡来说,世界是非常重要的,她对自己一点都不感兴趣。她如果对自己感兴趣,可能会在博士毕业后留在苏黎世，继续追求某些精神上的兴趣。但她无法接受世界上的不公正。

无论是以名声为标准——外在空间中迷人的自我展示——还是以正义为标准，这都不是决定性的。决定性的是您自己的动机是否明确：是为了世界，还是为了您自己，我指的是为了您自己的灵魂。这就是马基雅维利的理解。他曾说："我爱我的国家，爱佛罗伦萨这个城市，胜于爱我灵魂的救赎。"这并不意味着，他可能不相信有来世。但这意味着，我对世界本身的兴趣要超出对我自己的兴趣，不管是我的生理自我，还是我的灵魂自我。

您知道，在现代的各个共和国，宗教已经成为一个私人问题。而事实上马基雅维利的观点是，宗教应该是私人的：不要让这些人进入政治！他们对世界的关心不够！有些人认为世界终有一死而他们自己是不朽的，这些人非常危险；因为我们期望着这个世界的稳定和良好的秩序。[1]

---

[1] Machiavelli, *Discorsi*, Buch II, 2.

汉斯·乔纳斯(以下简称乔纳斯)[①]：与他人分享世界的愿望是我们一切存在和行动的基础，这是不可否认的。尽管如此，但我们只想与某些人分享世界的某个部分。而如果政治的任务是使世界成为人类合适的家园，那么问题就来了：什么是人类合适的家园？

只有当我们认识到人是什么或应该是什么时，才能确定这一点。而如果我们不能援引关于人的真理（通过这个真理能够证明这种判断是有效的，从而也能够证明由此衍生的对政治鉴别力的判断是有效的，毕竟政治鉴别力在具体情况下会暴露出来），那么这一点本身就无法确定，或者只能任意确定。当我们必须决定未来的世界应有的模样时，这一点尤其重要，在处理那些对事物的整体结构有影响的技术项目时，我们一直是这样做的。

现在可以看出，康德并不是简单地诉诸判断力。他提及了"善"的概念。无论我们如何定义，都存在着这样

[①] 在贡献者名单中记为：纽约市社会研究新学院哲学荣誉教授。阿伦特在学生时代就与汉斯·乔纳斯是朋友。参见 1975 年 12 月 8 日他在纽约河滨教堂阿伦特葬礼上的悼词，*Social Research* 43 (1976), Nr. 1, S. 3-5。

一个想法，即最高的善。它甚至可能避开定义。但它不可能是一个完全空洞的概念，它关系到我们对人的设想。换句话说，为了得到明确的指示，我们在某一点上必须援引形而上学这个公认是死的、有定论的东西。

今天，我们拥有了绝对的决策权，远远超出了对眼前情况和短期未来的掌控。我们今天的行为或行动能力延伸到一些事情上，这些事需要我们切实考虑到某些终极原则，然后做出判断、进行洞察或对它们深信不疑——最后这一点我暂且不表。因为在一般政治中，我们直到20世纪都可以用那些非终极原则来应付。并不是说一定要借助终极价值或标准来决定政体的状态。但是，就像在现代技术条件下那样，如果我们现在没有勇气迈上一条道路，去影响地球上事物的整体状态和人类未来的整体状况，那我认为我们就不能简单地推卸责任，说西方形而上学把我们带入了死胡同。我们不能简单地宣布西方形而上学破产了，然后马上寻求可以共享的判断——看在上帝的分上，我们并不是要与大多数人或任何特定群体共享这些判断。我们可以与许多人分享关于我们毁灭的判断，但我们必须超越这个范围！

阿伦特:恐怕我必须回答这个问题。但我不想讨论康德《判断力批判》的问题。事实上,书中并没有提及善的问题,也没有提及真理的问题。整本书的关注点都在于上述这些命题是否可能有效。

乔纳斯:但这不是政治问题。

阿伦特:对,但我只是在谈论有效性。是否可以将这本书挪用到政治领域,也是一个非常有趣的话题,但目前来看这不重要。众所周知,我恰恰做到了这一点,而且我只是单纯地阅读了康德的晚期著作。[①] 这里的一个重要内容是康德对法国革命的某种态度。但我不想细谈这个问题了,因为那样我们会偏离这个终极原则的问题。

这样看来,如果我们的未来应该取决于您现在所说的——我们将得到一个由上面为我们所做的最终决定(那肯定要问,谁将认可这个最终决定,这种认可的规则有哪些;您在这里真的有一个无穷回归,但是好吧)——我会非常悲观。如果是这样的话,我们就迷失了。因为

---

① 见阿伦特的康德政治哲学系列讲座。

这实际上是在要求一个新的上帝出现。

这个词("终极",最后的原则)是中世纪的一个基督教词语,让人们产生很大的怀疑,但它最终被赋予人们,因为它是上帝。但由于这位上帝的消失,西方人发现自己又回到以前的处境,要通过好消息、救赎或其他什么方式获得拯救,因为人们现在不再相信它了。情况就是这样。而这种处境要求那些18世纪的革命者回溯过往,追寻古代。这并不像某些时候,是因为他们喜爱希腊诗歌或希腊歌谣,不过我倒是真的喜爱。这当然不是他们的动机。

也就是说,他们面对的是赤裸裸的事实,即人类以复数形式存在。而且没有人知道单个人类是怎么样的。我们只知道男人和女人("并创造了他们,一个男人和一个女人")——所以这种复数性质从一开始就构成了一个巨大的问题。

比如我确信,如果人们仍然相信上帝或者相信地狱,也就是说,如果终极原则还存在的话,那么这整个极权主义灾难就不会发生。但是没有。您和我都很清楚,根本没有人们可以有效诉诸的终极原则。您没法呼吁任何人。

而当您经历了极权主义这样的时代,您知道的第一件事就是:您永远不知道别人会如何行动。您在持续经历生命中的惊诧！社会各层面都是如此,即便考虑到人类最大的差异,也是如此。如果您想归纳一下,您可以说,那些仍然坚信所谓旧价值的人肯定最愿意用他们的旧价值换一套新价值,前提是有人给他们提供新价值。而我害怕这一点,因为我相信,当您给别人一套新的价值观——或者那个著名的"扶手"——的时候,它可以立即被交换。男人唯一习惯的就是有一个"扶手"和一套价值体系,无论它是什么。这一局面自 17 世纪以来便是如此,我不相信有任何终极方式可以稳定这种局面。

F. M. 巴纳德(以下简称巴纳德)[①]:那么您会同意伏尔泰的观点吗？您提出了这个关于上帝的问题,在某种程度上,也是关于形而上学的问题,这种形而上学可以被质疑,但也可以被看作是对社会极其有用的。

阿伦特:我完全同意。如果不是因为形而上学的崩

[①] 在贡献者名单中记为:安大略省伦敦市西安大略大学政治学教授。

溃和这整个价值观的事,我们根本不必担心这整个问题。因为这些,我们才开始发问。

乔纳斯:我和汉娜·阿伦特一样,也认为我们目前没有掌握任何终极原则,不论是通过知识还是通过信念或信仰。我也相信,我们不能引导这样的事情出现——毕竟有句格言说过:因为我们非常需要它,所以我们必须拥有它。

然而,真理包括对无知的知晓。苏格拉底的态度就在于知道自己不知道。而认识到我们的无知可以有很大的实际意义,在行使我们的判断力时,这毕竟关系到政治领域的行动,而且关系到影响深远、远及未来的行动。

我们的行为有一种末世论的倾向——一种内蕴的乌托邦主义,而且是一种朝着最终情况前进的乌托邦。鉴于我们不知道终极价值——或者什么是最终值得期待的,或者什么是适合这个世界的人——我们至少应该克制,不允许末世论的情况先出现。仅这一点就是非常重要的实用戒律,我们只要洞察到,我们只有权用终极真理的概念来处理某些事情,就能意识到这一戒律。因此,我在这里提出的观点可能具有一定的意义,至少能够告诫人们保持克制。

阿伦特:我同意这一点。

关于社会和政治

玛丽·麦卡锡(以下简称麦卡锡)①:我想问一个困扰我很久很久的问题。它是关于汉娜·阿伦特在政治和社会之间做出的鲜明区分。这在《论革命》一书中尤其明显,她在书中表明或者试图表明,俄国和法国革命的失败是由于以下事实,即这些革命关注的是社会问题和苦难,而同情在其中起到了很大作用。相比之下,美国革命则是政治性的,并以建立某种东西而告终。

好吧,我一直在问自己:如果任何人不关心社会问题,那么他们在公共舞台上、在公共空间里应该做什么?换句话说,剩下的是什么?

---

① 在贡献者名单中记为:巴黎作家。她是当时住在巴黎的作家和评论家,是汉娜·阿伦特的旧友,见 Hannah Arendt und Mary McCarthy, *Im Vertrauen*。

在多伦多与友人和同事的讨论

在我看来,一旦您进入某种状态,身后有基础可依靠,一旦您搭建了法律框架,那么政治行动的舞台就已经搭好了。而留给政治人士的唯一任务就是希腊人曾经的做法:发动战争!但这不可能是正确的!而如果所有的经济问题、人类福祉问题和"巴士"①问题——只要是涉及社会领域的——都被排除在政治舞台之外,那么它对我来说就变得很神秘。只剩下战争和演说了。但演说不能仅仅是演说。他们必须针对某些事情进行演说。

阿伦特:您说得很对,我想承认,我也问过自己这个问题。首先,希腊人不仅仅是发动战争,雅典在伯罗奔尼撒战争之前就已经存在,雅典的真正繁荣是在波斯战争和伯罗奔尼撒战争之间。那么当时他们做了什么?

生活总是在变化,总会出现一些需要谈论的事情。在任何时候,共同居住的人都会遇到属于公共领域的场

---

① "Busing"是美国关于种族融合的讨论中的一个技术术语。它指的是用公共汽车将学生送到远离自己社区的学校。白人儿童被送到以黑人为主的社区上学,反之亦然,以满足宪法规定的种族融合要求。汉娜·阿伦特在《对小石城的反思》(»Reflections on Little Rock«)一文中强烈反对这种种族融合政策。

合——"有必要进行公开讨论的"①场合。在某个特定历史时刻,被讨论的东西可能大不相同。例如在中世纪,大教堂是公共空间,市政厅是后来才有的。而在教堂里,人们也许有必要探讨一个也不乏趣味的问题:上帝的问题。在我看来,任何特定时间的公共内容都是极其不同的。以历史调查的方式来探究这个问题将非常有趣,我认为这是可行的。冲突总会发生。而且您不需要战争。

理查德·伯恩斯坦(以下简称伯恩斯坦)②:我们想要对一个贯穿您作品的论题给出负面结论。当人们把社会和政治混为一谈时,对理论和实践都会造成灾难性的后果。

阿伦特:好吧!

伯恩斯坦:但您很清楚,您不可能一直做这种区分——至少我们不可能,今天不可能! 即使我们能认识

---

① 英文原文为"are worthy to be talked about in public"(是值得公开谈论的)。
② 在贡献者名单中记为:宾夕法尼亚州哈弗福德学院哲学教授。

到这种区别,这两者也是密不可分的。如果要回答玛丽·麦卡锡的问题,只说我们必须仔细观察不同时期出现在公共空间的东西,是远远不够的。问题在于,今天您是否能在不矛盾的情况下将社会与政治分离或分开。

阿伦特:我认为这是有可能的。您可以测算出针对某些事情的正确举措。这些事情的确可以通过行政手段实现,然后就不再是公众辩论的主题。公开辩论只能解决我们——说得消极一点——无法明确测算的事情。此外,如果可以明确测算措施,为什么我们还要走到一起呢?

您去参加一次社区会议吧。那就会出现问题,比如说应该在哪里建造一座桥。这可以由上面决策,也可以通过辩论决议。如果在哪里建桥确实是一个开放性的问题,那么最好通过辩论来决定,而不是由上面决策。我曾经在新罕布什尔州参加过这样一次社区会议,他们的论据既有见地又有理性,水平之高让我印象深刻。

而有一点在我看来非常清晰,无论有多少演讲、讨论和辩论,或者今天有什么形式不幸取代了它们——具有辩解功能的研究委员会毫无作为——这些组织都无法解决大城市给我们造成的非常严重的社会问题。

再举个例子吧。共和制内仅存的公民积极参与的形式是陪审员,即陪审团制度。我曾是一名陪审员——非常高兴又怀着真正的热情。[①] 而即便是陪审,所有这些公共问题在某种程度上也确实是有争议的。陪审团会议非常负责,但每个参与者也都知道有不同观点存在——他可以从庭审两方的视角来看问题。在我看来,这里显然存在着一个共同的公共利益问题。

另一方面,所有真正可以测算的东西——恩格斯所说的"对物的管理"[②]——一般都是社会性的东西。倘若它们应该成为辩论的主题,在我看来这似乎是懒惰的魔法,也是一种瘟疫。

麦弗逊:您是不是想告诉我们,陪审团会议或社区会议能够处理的是政治问题,其他的都是社会问题?

阿伦特:不,我没有这么说。这些只是日常生活中出

---

① 见汉娜·阿伦特 1967 年 1 月 16 日致卡尔·雅斯贝尔斯的信件。
② Engels, *Anti-Dühring*, in Marx/Engels, *Werke* (Berlin: Dietz), Bd. 20, S. 275.

现的一些非社会性的、实际上属于公共空间的例子。而社区会议和陪审团会议是极少数仍然保留着完全的公共空间的例子。

阿尔布莱希特·维尔默（以下简称维尔默）[1]：我想请您举一个例子，说明我们这个时代的一个纯社会、非政治的问题。随便什么都行：教育、健康或大城市的问题，甚至简单的生活水平问题。在我看来，我们的社会中，即使是社会问题，也不可避免地成为政治问题。如果真是这样，那么我们的社会就不可能在社会和政治之间划清界限。

阿伦特：我们就拿住房建设为例吧！合适的住房无疑是一个社会问题。但是，这种合适的住房是否应该以一体化形式建造，当然是一个政治问题。每个类似的问题都有两张面孔。而其中的一方面不应该被讨论——不应该讨论是否每个人都有权获得体面的住房。

---

[1] 在贡献者名单中记为：德国康斯坦茨大学社会学教授。

贝尔德：英国政府从行政角度出发，认为不宜建造太多的住房供销售，因为这些住房不适合大多数实际上在当地居住的人。

阿伦特：我提到的两个面孔非常具体，我认为这个例子有助于展现它们。政治问题是：这些人喜欢他们的社区，即使您在其他地方给他们提供一个额外的卫生间，他们也不愿意搬走。这的确是一个非常有争议的问题，也是一个公共问题，人们应该公开决议，而不是由上面决策。但是当涉及每个人需要多大面积才能呼吸并过上体面的生活时，这是人们真正可以测算的。

格斯坦：在我看来，人们被迫在政治上采取行动，以处理具体的情况和具体的问题。只要人们被迫做出这类决定，阶级问题、财产问题、社会未来的问题就会成为非常具体的问题，而人们不能仅仅以官僚主义或集中化这样的抽象概念来指导自己的行动。在我看来，这些抽象化的过程揭示了您的思维特点，它从根本上来说是去政治化的，当我读您的作品时，我发现这一点非常令人困惑。今天在这里听到您的阐述，我更加困惑；因为幸运的是——或不幸的是——我们被迫在这个世界上行动,我们必须知道,这个世界是什么样子。

阿伦特:这些是所谓大众社会的问题。我说它是所谓的大众社会,但不幸的是事实如此。但现在我想知道,您为什么认为我使用的"官僚机构""行政管理"等词语就比"阶级""财产"这样的词语更加抽象。它们是完全一样的。这里提到的所有词语都属于同一类别。唯一的问题是,您是否能用这些词语展示某些非常真实的东西。这些词语要么可以揭示——也就是说可以阐明——要么不能。

如果您认为,"官僚主义"——这意味着办公室的统治,而不是人民的统治或法律的统治——不具备揭示性,那我认为您真的没有在这个世界上活得足够长。您可以相信我:"官僚主义"在今天比"阶级"更具有现实意义。换句话说,您在使用一系列抽象的名词,这些名词在19世纪曾经是揭示性的,而您甚至懒得用批判性的目光去检视它们是否仍然适用或应该被取代,或其他类似情况。

财产是另一个问题。财产的确非常重要,但与您所想的意义不同。我们应该在各地提倡的是所有权——当然不是生产资料的所有权,而是严格意义上的私人所有权。相信我:这种所有权处于极大的危险之中,要么是通过通货膨胀,这毕竟只是另一种对人民财产的侵占;要么是通过高额税收,这也是一种侵占。侵占人们的所有财产——而不是杀死他们——是"更甜蜜的"。到处都有这种侵占的过程。如果每个人被允许拥有适当数量的财产——不是侵占,而是向财产征税——那么就有可能获得些许自由,即使现代生产的条件是相当不人道的。

麦卡锡:一些东欧国家——我不是说苏联——现在确实出现一种倾向,正是您所说的私人所有权,而不是生产资料的所有权。就我目所能及的未来而言,我认为社会主义的确代表了唯一的保守力量,事实上代表了现代世界中的一股保守力量。

阿伦特:我说过,生产资料不应掌握在一个人的手中。那么是谁取而代之了呢?是政府。

几年前,德国左翼党要求将斯普林格这个右翼媒体国有化。斯普林格只是一个人,当然他通过某些手段在一定程度上掌控了舆论,还有别的。但他并没有政府所拥有的累积权力和暴力手段。假如左翼党把斯普林格先生的所有权力交给其政府，那么这肯定会成为更强大的权力：政府控制的媒体。我认为这样一来，即便是斯普林格出于竞争的原因而不得不给予的自由——因为他不喜欢传播的东西会有其他报纸来传播——即便是这种自由也会消失。

因此，当您谈到生产资料的所有权时，首先继承的是政府本身。它无疑比单个资本家要强大得多。而如果涉及工人的问题，正如事实所证明的那样，他们可以针对个别资本家进行罢工——罢工当然是一项非常宝贵的权利。但他们无法针对政府进行罢工。自19世纪中叶以来，工人运动通过长期斗争实际上赢得了少数权利，但这些权利马上又被剥夺了。

麦卡锡：看看美国新闻界的情况。在上一次总统选举（1968年）之前，人们做了一次民意调查，我记得，结果是大约有百分之九十的美国媒体支持尼克松。这样您就面临一种情况，即新闻界和政府——至少是当前以共和党形式存在的这个美国政府——二者密不可分。在我看来，如果斯普林格被收归国有，那么德国应该和当时美国的情况一样。

阿伦特：如果将新闻界收归国有，那就不会只有百分之九十的人支持政府，而是百分之百。

麦卡锡：不一定。比如荷兰的电视台就是国有的。（我认为这种情况可能只在小国奏效。）但荷兰还是有许多政党。每个政党都有自己的电视频道或部分频道。这是可行的。民众接受这种情况。

阿伦特：是的。但他们那里有法律，可以迫使这种侵占财产、这种积累过程去中心化。荷兰的多党制是一个缓和因素，人们现在正试图在一些东部国家引入多党制。总的来说，我们必须做实验。

麦卡锡：我鼓掌欢迎！

麦弗逊：阿伦特女士今天上午提出了两个关于权力的论断，我认为是非常离谱的：一个是马克思对权力一无所知，另一个是今天的权力掌握在官僚机构手中。

在我看来，如果要坚持认为马克思对权力一无所知，那就必须以一种非常特殊的方式定义权力。而我认为,这也是阿伦特女士思维风格的一部分。她定义许多关键术语的方式只适用于她自己。您肯定是知道的:社会相对于政治("社会"在这里被赋予一种特殊的、相当明确的含义),力量相对于暴力("力量"在这里也有一种特殊的、相当明确的含义)……

阿伦特:不,权力相对于暴力。不好意思。

麦弗逊:权力相对于暴力,请原谅!行动——关于"行动"的定义只存在于她身上。这种智力活动非常令人振奋,因为它唤醒了或者说应该唤醒一切可能的争议——然而相当奇怪:给一个在惯常理解中可能有多个含义的词赋予某种特定的、非常具体的含义,然后选择它为出发点,得出令人困惑、自相矛盾的结论。

这样吧,您看,马克思完全不理解权力。这是您的主张。但马克思肯定明白,在任何社会中,都是控制生产资料、生活资料和劳动资料的人行使权力。用他的术语来说,这就是一个阶级。阿伦特女士是否会同意这样的论点:一个官僚机构利用它所拥有的权力(我认为它没有阿伦特女士所说的那种权力），只是因为它是一个阶级（而且只是阶级，只存在于它成为阶级的国家）才拥有权力——在马克思的意义上，它是由控制生产资料的人组成的？

阿伦特：我不同意这种说法。您认为我对术语的处理是特立独行的——我觉得挺对的。是的，我肯定。我们在成长过程中都承袭了某些词。然后我们必须审查这些词。不仅是找出这个或那个词通常是怎么使用的，从而得出一定数量的使用方法。然后这些使用方法就是合法的。在我看来，一个词与其表达内容或其含义之间有更密切的关系，而不仅仅是您和我之间如何使用这个词。就是说，您只留意到这个词的交际价值。而我观察到了它的揭示性。当然，这种揭示性总是有历史背景的。

麦弗逊：我也注意到了揭示性，所以我才说马克思使用的那些词：阶级、权力等都是揭示性概念。

阿伦特：关于阶级，我没这么说过。您看，我想说的当然是所谓的上层建筑。马克思所说的权力实际上是指一种趋势或发展的权力。他认为，这种趋势在政府的上层建筑中可以说是实现了自己,因为它是极其非物质的。而被当作上层建筑的政府所掌握的法律不过是社会中各种趋势的映射。

马克思不理解统治的问题,这在很大程度上可以说是对他有利的;因为他完全不相信,有人完全是为了权力而想要权力。马克思从未有过这种设想。权力完完全全就是一个人要求统治另一个人,我们需要法律来阻止这种情况。马克思并没有看到这一点。

您是知道的,马克思在某种意义上认为,如果让人们接管自己并改变社会——社会使人堕落——那么人将重新出现。人将再次出现——愿上帝保佑我们!——这种乐观主义贯穿历史。如您所知,列宁曾经说过,他不明白为什么刑法必须存在;因为一旦我们改变了环境,那么每个人都会阻止其他人犯罪——就像每个人都会急于帮助处于困境的妇女一样自然。对我来说,列宁的这个例子尤其适用于 19 世纪,不是吗?

麦弗逊:但马克思肯定和詹姆斯·穆勒等人一样清楚地看到,人们希望对其他人拥有权力,以便从这种权力中为自己谋取一些好处。这不是为了权力而追求权力，是为获得利益而追逐权力。

阿伦特：是的，但您知道，为了利润而去获取利益，这样的权力……

麦弗逊：不一定只是利润，任何一种利益都可以。

阿伦特：但我们不知道有多大比例的人只是为了好玩就不假思索地做这件事。也就是说，我们或多或少看到的人类动机其实是马克思思想中的趋势动机。当然，趋势也是抽象的。而且我会质疑它们本身的存在。白墙的趋势是随着时间的推移渐渐脏污，除非有人重新粉刷房间。

麦弗逊：马克思确实对趋势感兴趣，他的兴趣在于社会的运动规律，这是事实。但是您把趋势变成一种类似于靠自己存活的真正力量，然后在文章里注入了这种想法，您这样描述马克思让我没法认出他来。

阿伦特：好吧，我们现在不能坐在这里读马克思！但我认为有一点是很明显的，这当然是来自黑格尔。马克思也提到了黑格尔的世界精神，而且他把人看作一种普通存在。在任何情况下，这种观点都排除或剔除了人类的复数性。并非许多人的共同行动和相互斗争最终导致了一种结果，即历史。而有一个巨大的名词，这个名词是单数形式，现在一切都归结到这个名词上。我认为这的确是在抽象化。

汉斯·摩根索（以下简称摩根索）[①]：请让我谈谈马克思的思想中最根本的对权力的误解！马克思将权力意志与社会的阶级划分联系起来。而且他认为，如果在一个无阶级的社会中废除了阶级划分，那么阶级斗争——对权力的向往——就会自行消失。这就是《共产党宣言》的预言，即人对人的统治将被对物的管理所取代。但这种对人、社会和权力本质的设想是卢梭主义式的。我觉得这种权力观念有一点特别有趣，马克思主义和19世纪的自由主义在这方面是相通的。他们都有这种信仰。

---

① 在贡献者名单中记为：纽约市社会研究新学院政治学大学教授。摩根索不仅是汉娜·阿伦特的同事，也是她的好友。

维尔默：我有另一个问题，是关于您作品中某些区分(Unterscheidungen)的含义，或者玛丽·麦卡锡所说的您思想中的"中世纪元素"。很明显，在批判意识形态中的定论，特别是那些预示着19世纪传统占尽上风的典型定论时，这些区分大多被证明是卓有成效的。例如在马克思的理论中。

而这些区分的某种抽象性令我困惑。我一直有这样的印象，即这些区分仅仅指向有限的案例，而在现实中没有真正与之对应的。这些指向有限案例的构造，或者说理想类型，或者说概念，是如何被确立的呢？

我想说的是，您的思想中可能缺少某种黑格尔的元素。

阿伦特：当然！

维尔默：我想试着厘清您是如何区分的，例如生产和工作，政治和社会，权力和暴力。会不会有这种可能，这些对立面恰恰不是在描述人类的永久可能性——至少不是首要的——而是在描述人类历史延伸的极端边界，即被视为动物的人类和乌托邦的边界。也就是说，例如，如果所有的工作都变成了生产，如果社会问题变成了您的意义上的公共或政治问题，如果为了让您的意义上的权力获益而废除暴力，那么这显然是实现了乌托邦。

现在我想知道，是不是因为您没有完全意识到自己思想中的乌托邦元素，所以您对批判主义、社会主义或无政府主义的传统有一种罕见的依恋情绪。在我看来，正是因此，您才永远无法适宜地展现出这些传统或批判理论之类的东西，也无法阐明您的理论与这些传统之间的关联。

阿伦特：我可能没有意识到乌托邦元素。我认为这是很有可能的。我不说肯定如此，我只是说这很有可能。但如果我没有意识到这一点，看在上帝的分上，那也就是这样了。法兰克福学派的任何精神分析都无法弥补这一点。我现在真的无法回答您——我必须考虑一下。

我也认为这件事值得质疑，至少您也是这样想的。也就是说，如果我不相信这个或那个理论，我为什么不撰文反驳呢？我只有在压力下才会这样做。这是我缺乏沟通的表现。我不认为这与抽象性有什么关系。

维尔默：我的问题被遗漏了。我可以换个表述再问一次吗？如果我这样解释您的区分，一边的选择是动物性本质的边界，另一边是人性完全实现的边界，您会怎么回应？

阿伦特：我会说，您通过这种奇妙的方法消除了区别，并且已经使用了黑格尔的技巧，根据这种技巧，一个概念开始从其自身转化为它自己的否定。不，它没有这样做！善不会变成恶，恶也不会变成善。这一点我坚守不变。

您知道，我非常尊重黑格尔。这一点是不容争辩的。就像我非常尊重马克思一样。当然，我也受到所有这些人的影响，毕竟我读过他们的作品。因此，请不要误解我的意思。但这恰恰会是我拒绝落入的——在我看来的——陷阱。

摩根索：有人提出了关于中央集权的问题——如果一直推行这种中央集权，最终就是对民主的直接反动。

阿伦特：我认为这个问题非常复杂。在第一个层面上我想说的是，世界各地确实都存在着某种几乎算是反叛的行动，它针对一切宏大事物。而且我认为这是一种健康的反应。我自己也有。特别是因为大规模化和集中化使官僚主义成为必要。而官僚主义的确是无名氏的统治。这个无名氏可不是一个仁慈的无名氏。我们不能让无名氏对正在发生的事情负责，因为实际上没有人对这些行为和事件负责。这真的很让人害怕。这就是为什么我非常坚持这一观点。当然，去中心化的要求由此产生。而且我也认为，美利坚合众国这个国家想要保持或成为一个强大的国家，必须拥有许多权力来源。也就是说权力要被分享，就像国父们最初的想法一样，在那之前——虽然没那么明确，但总能看出——是孟德斯鸠的想法。

尽管谈论了这么多——我要表露好感：您知道，我对从未尝试过的议会制有一种浪漫的好感，也就是说，对这种从草根组建起来的制度有一种浪漫的好感，这样就可以真正谈到"权力在民"（potestas in populo），此时权力来自下层而非上层。谈论这些之后，可以得出如下结论：我们所处的世界最终必须得到保护。我们不能允许它碎裂。

美国宪法作为一种理想类型

艾德·韦斯曼(以下简称韦斯曼)[①]:我们刚刚获悉,理论家和活动家之间有一个重要区别。同时我们刚刚获悉,活动家和理论家在本质上是不相容的。

阿伦特:不是指人,而是指他们的活动。

韦斯曼:对。您所说的一切都隐含着一种基本的精神依恋,您对美国宪法和美国实验之类的东西似乎有一种理想化的想象。我觉得这是一项定论,您所说的很多东西都以此为基础,而且它不可动摇,所以您就没有一而再地明确提及它。

但是,当您直接谈论美国宪法时,我觉得您对它做了一些假设,因此我想问您一下。我认为,您对美国宪法某些方面的曲解与孟德斯鸠对英国宪法的曲解完全一样。此外,嫁接的过程也是一样的。孟德斯鸠从英国宪法中

---

① 在贡献者名单中记为:多伦多约克大学政治学副教授。

得出的基本结论是,其实根本没有真正的分权,这只是一个旧社会和一个制度上有点新意的社会之间悬而未决的暂时局面。现在您把这种分权的观点嫁接到美国共和制上。

但是,一旦忽略新旧社会之间这种悬而未决的局面,最终又会回到英国君主制的状态,机构不过是利益的代表。因此,今天美国有这种行政机制并不是巧合。我们最终得到的民选国王尼克松和基辛格,毫无疑问就是典型的古代意义上的"王室大臣",这是不可避免的。

阿伦特:是的,我的做法的确与孟德斯鸠对英国宪法的所作所为类似,我从美国宪法中提炼出一种理想类型。我比孟德斯鸠好一点,我试图用历史事实来支撑它,原因很简单,我不是贵族出身,孟德斯鸠在著作和其他文稿中透露出的那种幸福的闲暇生活,并不能让我欢欣以待。是否允许这样则是另一个问题了,在这里会让我们跑题的。

事实上,我们都在这样做。我们都以某种方式打造了马克斯·韦伯所谓的"理想类型"。也就是说,我们把某种历史背景下的事实、言说和其他能找到的一切搜集起来并进行思考,直到从中得出一种不矛盾的统治类型。考虑到孟德斯鸠的工作风格,这对他来说尤其困难,而这对国父来说则容易得多,因为他们是特别勤奋的人,所以给您提供了您想要的一切。

我对您的结论不以为然。不是一定要将我们从美国革命引向基辛格先生。您毕竟也学习过历史规律的必然性、趋势和不可避免性,我想即使是您也应该看出,这有点玄乎了。

麦弗逊:我很想知道阿伦特女士对传统的看法。似乎有这样一种观点:她摒弃了霍布斯和卢梭的传统,拥抱孟德斯鸠和联邦主义者的传统。我可以理解,但人们会陷入一个困境,因为霍布斯传统和联邦主义传统有一个非常重要的共同点。这个模式就是人作为一个筹谋运算的个体,他会寻求自身利益的最大化。公民阶层的人就遵循这种模式。随之而来的社会模式是,每个人的利益自然与其他人的利益相冲突。毫无疑问,这两种传统中都有这种人和社会的模式。如果阿伦特拒绝了一种传统而接受了另一种,那么问题来了:她是如何处理两者的共同点的？她是接受公民阶层的模式还是拒绝它？

阿伦特：我不认为两种传统中人的模式是相同的。我同意您的观点，您所描述的人的模型是公民，同时这个公民确确实实拥有现实。

但是如果可以的话，我现在要谈谈这个其他传统中的人的模式。您提到的孟德斯鸠的传统实际上可以追溯到更远。马基雅维利和蒙田等人翻遍了古代档案，正是为了得到一种不同的人的形式。这种人不是公民，而是"市民"（citizen）。当然，这种"市民"（citoyen）和"资产阶级"（bourgeois）之间的区别存在于整个18世纪，因为在法国大革命期间，它在涉及这类问题的言论和思想中占据核心地位，并且一直持续到1848年。

我想我也可以稍微换一种表述：君主专制已经变得如此绝对，它甚至可以把自己从所有其他封建势力——包括教会——中解放出来，此刻真正的大危机即将降临。在这种情况下，对真正政治的回归出现了，就像古时候一样——正如我对革命的看法。

您看，我转向古代是因为我非常喜欢古代，尽管只喜欢其中的一半——我喜爱古希腊，但我从来不喜欢古罗马。即使这样,我还是回归古代,因为我知道,我想把所有这些人读过的所有书都读一遍。他们读这些书是为了找到一个模式提供给——他们应该会说是——新的政治领域,他们想要让其出现并称之为共和制。

这个共和制里的人的模式在某种程度上是雅典政体的公民。正是从这一点出发,我们才有了我们的话语,它们的回声在几个世纪里绕梁不绝。另一方面,这种模式是罗马人式的公共事务(res publica)。罗马人更直接地影响了这些人的思想。您知道,孟德斯鸠不仅写了《论法的精神》,还描写了罗马的"宏伟"和"苦难"。他们都对这一点非常着迷。亚当斯做了什么?亚当斯收集宪法就像其他人收集邮票一样。而他所谓的作品集在很大程度上只包含了摘录的内容,且部分内容并没有很大意义。

他们自学了一门新的科学,并称其为"新科学"。托克维尔是最后一个对此进行评论的人。他说:在这个现代,我们需要一门新的科学。他指的是一门新的政治学,而不是前几个世纪的"新科学",即维柯的科学。这正是我内心的想法。实际上,我并不认为我这种人所做的一切都能产出一些坚实的东西。但我不仅是在古代的框架中思考这些，我也和18世纪的革命者一样，有研究古代的需求。

巴纳德：您宣称在国父们的民主愿景中存在利益和观点之间的区别。我真的很想知道，您是基于什么资料而下此论断？

阿伦特：这会儿我手头没有引文。区别首先在于，群体利益的概念总是存在的，而观点是个人必须形成的自我判断。这种区别是很清楚的。您在宪法里就能找到它。立法机构（众议院）应该或多或少地代表人民利益；相反，参议院应该过滤这些利益，并参考共同福祉达成类似不偏不倚的意见。

当然，两个机构之间的这种区别是非常古老的。它遵循罗马的"权力在民，权威在元老院"（potestas in populo, auctoritas in senatu）。在罗马，元老院没有权力。元老出席只是为了在那里表达他的观点。但这种观点有一定的权威性，因为它不是由广大民众的"权力"所激发的。元老们被称为"较年长者"（maiores）。在这个意义上，他们代表了罗马的宪法，关注与古罗马的关联或者维持这种关联性。因此,在罗马共和国,元老院的职能与广大民众的职能截然不同。

国父们在思考时也会考虑这一背景,他们对这个问题非常了解。这也是他们对设立参议院感兴趣的原因之一——远远超过任何欧洲思想家的兴趣。他们感受到,直接来自利益相关方的观点必须先经过一个机构的过滤,而这个机构要与它的直接影响相隔一两个阶段。

现在让我谈谈暴力和权力之间的关系。当我谈及权力时,我是在说所有人抗衡一个人的那种情况。也就是说,所有人抗衡一个人是权力的极端情况。要压制那一个人,不需要用暴力。暴力的极端情况与此相反,是一个人抗衡所有人——拿着机关枪的一个人让其他所有人都处于完全服从的状态,所以不需要观点,也不需要劝说。

毫无疑问,暴力总是可以摧毁权力。如果您有一伙最低数量的人愿意执行您的命令,那么暴力总是可以把权力变成纯粹的无能。我们经常经历这种情况。

暴力永远无法做到的是创造权力。也就是说,一旦暴力破坏了权力结构,就不会出现新的权力结构。这就是孟德斯鸠的意思,他说暴政是唯一的统治形式,本身就带有毁灭的种子。当所有相关人员都被暴政剥夺权力时，就不可能再出现一个新的权力结构来为暴政的延续提供令人满意的基础，当然，除非改变整个统治的形式。

如果您从被强迫的主观角度来看待（没有任何暴力的）权力，那么"所有人反对一人"可能比"一人反对所有人"的心理状况更加强烈。因为，如果有人用刀架在我的脖子上说"给钱，还是送命！"，我自然会立即服从，但就我的权力而言，我还是原来的样子，因为我即使服从也没有同意。如果您曾有过"所有人反对一人"的经历，那么它是压倒性的，因为您真的可以当面训斥那个人。他即使没有屈服于暴力，也不能再坚持自己的立场了。因此，如果没有法律的限制，那么"所有人反对一人"将会是多数人的不受限统治。

而且如您所知，国父们害怕多数人统治——他们绝对不是为了纯粹的民主。然后他们发现，权力只能被一种东西牵制，那就是权力——一种反权力。用权力制约来达到权力的平衡是孟德斯鸠的见解，而在起草宪法的人心中这一点尤为突出。

没有扶手的政治思考

摩根索：您是怎样的人？您是一个保守派吗？您属于自由主义者吗？在目前的可能性框架内,您的立场如何？

阿伦特：我不知道。我真的不知道,从来都不知道。而且我想,您说的这些立场我从未采纳过。您是知道的,左派认为我是保守派,而保守派有时认为我是左派或局外人或天知道什么派别。而我不得不说,我完全不关心这个。我不相信通过这种方式就能让 20 世纪的真正问题得到任何解决。

我不属于任何团体。如您所知,我唯一归属的团体是犹太复国主义者。但当然,那只是因为希特勒。这段时间从 1933 年持续到 1943 年。后来我与他们分道扬镳。犹太复国主义者给了我唯一一种可能性,让我以犹太人的身份而非人的身份进行自我保护——我认为后者是一个很大的错误,因为如果一个人因犹太身份被攻击,那就必须以犹太身份进行自我保护。你不能说:对不起,

在多伦多与友人和同事的讨论

我不是犹太人,我是人。这是很愚蠢的。而我被这种愚蠢的行为所包围。我别无他法,所以进入了犹太政治——不是真正的政治——我投身社会工作①,因此在某种程度上也与政治有关。

我从来不是一个社会主义者。我从来不是一个共产主义者。我的家人有社会主义的背景。我的父母是社会主义者。但我自己从来不是。我从来没有想过这样的事情。所以我无法回答这个问题。

我从不属于"自由派"。我在否定自己身份时忘了这一点。我从来没有坚守过自由主义。来到这个国家时,我用我非常没把握的英语写了一篇关于卡夫卡的文章,《党派评论》曾委托某人把它改写成正确的英语。我到编辑部时,读了这篇文章,里面真的出现了"进步"这个词!我当时就说"您这话是什么意思?我没有用那个词",等等。然后其中一位编辑去隔壁房间找他的同事,留下我一个人,我真的听到他用绝望的语气说:"她甚至不相信有进步!"

---

① 见阿伦特与君特·高斯的电视访谈。

麦卡锡:您对资本主义的立场是什么？

阿伦特:我不赞成马克思对资本主义的巨大热情。当时,资本主义已经受到所谓右派的猛烈抨击。保守派最先提出许多抨击观点,而左派后来也采纳了这些批评,当然还有卡尔·马克思本人。

从一个角度来看,马克思是绝对正确的:资本主义的逻辑发展是社会主义。其原因非常简单。资本主义始于剥削。这就是后来决定发展的定律。而社会主义把剥削带到了它的逻辑终点,在某种意义上仍然没有使之得到缓解。这种残酷的发展始于资本主义,并在社会主义中延续,现在在某种程度上被法律所缓和,而今天所谓的人类社会主义不再是指这种发展。

整个现代生产过程实际上是一个逐步剥削的过程。因此,我总是拒绝对两者进行区分。对我来说,这确实是同一个运动。而在这方面,卡尔·马克思是绝对正确的。真正敢于思考这个新的生产过程的人只有他——这些生产过程在17世纪,然后在18世纪,最后在19世纪逐渐于欧洲形成。在这一点上,他是完全正确的。

在多伦多与友人和同事的讨论

马克思不明白的是,权力到底是什么。他不理解这种明显的政治性的东西。但他确实看到了一件事,那就是如果放任资本主义自由发展,它将会产生一种倾向,只要有法律阻碍它的残酷进步,那它就要将其一一废除。

此外我必须说,17—19世纪的资本主义当然无比残酷。当这种负面的、否定的力量会给其他人带来可怕的不幸时,我是不会相信它的。

您问我的立场是什么。我没有任何立场。我真的没有迈入当代或任何其他政治思想的潮流。但不是因为我特别想保持原创性——很简单的事实是,我真的不适合任何立场。在我看来,资本主义和社会主义是世界上最明显的事情。而可以这么说,人们甚至都不明白我在说什么。

我并不是说我被误解了。相反,人们非常理解我。但是当您提出这样的事,拿走了人们的扶手,他们的明确路标(这些人之后会谈论起传统的崩溃,但从来没有意识到这意味着什么,这意味着您真的形单影只!),肯定会出现这样的反应——这经常发生在我身上——我单纯被忽略了。而我并不介意这一点。有时还会被人攻击。但我通常是被忽略的,因为在我的思想领域内连有用的论战都无法进行。而且您可以说,责任其实在我。

您很善意地说,我想参与。是的,您说得对。我想有参与感。而且我不想向别人灌输。这确实是真的。我不想让任何人接受我的任何想法。另一方面,我不关注自己领域的重要文献,如果要在某一点上责备我的这种做法,我认为也是公平的。而且我对我所做的事情没有多考虑。对我来说,这完全是在浪费时间。无论如何,人永远不会认清自己。所以这些考虑是完全无用的。但我对重要文献的无知不仅是疏漏的罪责,而且是一个真正的错误。如果有人问:您为什么不读同事的书呢?或者:您为什么很少这么做?我会遭受更深刻的打击。

还有德拉诺斯[①]提到的一件事。您谈到了无根基的思考(groundless thinking)。我有一个不那么残酷的比喻,我从来没有公开使用过,但是我留给自己了。我称之

[①] 多伦多约克大学的斯坦·施皮罗斯·德拉诺斯在会议论文集(第209—224页)中撰文《无根基的思考:汉娜·阿伦特和当代理解情况》(»Thinking Without a Ground: Hannah Arendt and the Contemporary Situation of Understanding«)。

在多伦多与友人和同事的讨论

为"没有扶手的思考",用德语来说就是"Denken ohne Geländer"。这意味着,当您上下楼梯时总有一个扶手,这样就不会跌倒。但是我们已经失去了这个扶手。这就是我与自己沟通的方式。而我确实在努力进行"没有扶手的思考"。

关于破碎的传统和丢失的阿里阿德涅①线团:嗯,这并不像我表现的那样是件新鲜事。毕竟托克维尔曾说,过去已经不再照亮未来,因此人的精神处于黑暗之中。②自19世纪中叶以来,情况一直如此,从托克维尔的角度来看,这完全是事实。我一直认为,一个人必须像从未有人思考过那样思考,然后才开始向别人学习。

---

① 阿里阿德涅(Ariadne)是古典神话中克里特岛国王弥诺斯的女儿,她的母亲帕西法厄生了一个牛头人身的怪物——米诺陶洛斯。弥诺斯把它幽禁在一座迷宫里,并命令雅典人每年进贡童男童女喂养它。雅典王子忒修斯发誓要为民除害。阿里阿德涅倾心于忒修斯,交给他一把利剑和一只线团,教他把线团的一端拴在迷宫的入口,然后跟着滚动的线团走,直到弥诺陶洛斯居处。忒修斯杀死这个怪物,并沿着线顺来路走出迷宫。——译注
② "过去的事情不代表未来的事情,我的精神在不断前进。" Tocqueville, *De la Démocratie en Amérique*, Bd. 2, Teil 4, Kap. 8.

麦卡锡：汉娜·阿伦特在她的作品中创造了一个空间，人们可以进入它——当人们穿过一座拱门进入一片被解放的领域时，会有一种振奋的感觉。而且这里大部分都被定义所占据！与汉娜·阿伦特的思想根基非常接近的是"区分"（distinctio）：把这个和那个区分开来。我把工作和生产区分开来。我把名声和声誉区分开来。以此类推。这确实是一种中世纪的思维方式。

阿伦特：这是亚里士多德式的！

麦卡锡：现代世界并没有普及分辨力，在这里的大多数讨论都被文字的迷雾所笼罩。如果汉娜·阿伦特激起了人们的敌意，其中一个原因是，普通读者没有能力做出区分。但我们要回到区分本身：我可能会说，每一个人就像一间小屋一样矗立在这片被解放的区域内、这个自由的空间里。例如，名声住在专门为它设计的小屋内，而声誉住在另一间屋子里。实际上，她通过这种方式已经为她创造的所有空间提供了陈设。

摩根索：听起来像一个社会住房项目。

阿伦特：而且没有国家补贴！

麦卡锡：我认为，这里不仅有振兴和供氧的机会。同时也有一种类似稳定性和安全感的东西。而它是通过对定义的加工和可谓奇妙的阐明而实现的。她的每个作品都是在详细阐明所涉对象的定义，当一个（又一个）区分被阐明，这些对象也就越来越清晰。但是稳定性也要存在，它的责任是保证名声住在自己的别墅或小屋里，工作住在自己的房子里，生产住在另一间，政治的居所与社会的房子绝对分离。

阿伦特：您所说的区分是完全正确的。我总是着手做所有事——我不想太精确地知道我在做什么——所以我总是着手做所有事。我会这样说：A 和 B 是不一样的。当然，这也直接承袭自亚里士多德。您会认为这来自托马斯·阿奎那，他也是这样做的。

我想指出，我所做的一切和我所写的一切都只是暂时的。我的意思是，所有的思考——我投身思考的方式也许有点超出常规，有点放肆——都带有临时性的标记。而与雅斯贝尔斯对话的伟大之处在于，它们可以将这种纯粹临时性的努力维持数周之久，尽管这种努力并未期待任何结果。

我们可能会遇到这种情况：当我到达时——通常停留几个星期——我们在第一天就马上开始谈论某个主题。我记得其中一个主题是：好的诗句就是好的诗句。我曾这样说过，我的意思是好的诗句本身就有说服力，而雅斯贝尔斯并不真的相信这一点。对我来说，重要的是让他认同布莱希特是一位伟大的诗人。这一句话足够让我们讨论两个星期，每天两次。而且我们不断回到这个话题上。①

意见的分歧从未完全消除。但通过这种交流，我对这样一个问题的思考变得更加丰富，正如他说的，我们"毫无顾忌"，也就是说，没有任何保留。我不会想：哦，我不应该这么说，这会伤害他。我们都深深地信任我们的友谊，我们都知道没有什么可以伤害它。

---

① 汉娜·阿伦特关于贝尔托特·布莱希特的文章就是在这场辩论中产生的。

与罗杰·埃雷拉的电视访谈

1973年10月,罗杰·埃雷拉在纽约与汉娜·阿伦特交谈。谈话持续了几天,有时还被录音。工作人员在让-克劳德·吕伯康斯基的指导下,根据手头素材,为"一种注视"(Un certain regard)系列制作了一部时长一小时的影片,法国国家广播电视台(O. R. T. F.)于1974年7月6日播出。

埃雷拉用法语提问,阿伦特用英语回答。在电影版本中,阿伦特的回答被翻译成法语,并由一名女性配音。观众只能在背景中偶尔听到阿伦特某些句子的开头和结尾。

广播采访的文本没有发表，实际上甚至没有手稿存在。只有阿伦特回答的汇编，版权归玛丽·麦卡锡所有，在《纽约书评》上发表。在法国国家视听学院(INA，位于马恩河畔布里)的友好支持下，在埃雷拉先生(法国国家行政法院委员，卡尔曼-列维出版社"大离散"系列图书主编)的亲切礼遇下，我成功重构了电影版的原始版本(法语提问，英语作答)。我已经为本书翻译了这些内容。

诸位读者，请考虑到这项翻译的基础是未经编辑的口语文本。我的任务是尽可能忠实地重现阿伦特的回答。我只在少数看起来非常必要的地方做了修改以便澄清。换句话说：与上一篇《在多伦多与友人和同事的讨论》类似，本文保持了最低限度的编辑干预。希望我没有犯任何严重的理解错误。

乌苏拉·卢茨

罗杰·埃雷拉(以下简称埃雷拉)：您1941年抵达美国。您来自欧洲，已经在这里生活了三十二年。作为一个欧洲人，您最主要的印象是什么？

阿伦特：最主要的印象是……您看，这不是一个民族国家。美国不是一个民族国家,要掌握这个简单的事实对欧洲人来说非常困难,实际上欧洲人在理论上可以知道这个事实。也就是说,这个国家能够维持统一不是靠共同的遗产,不是靠记忆,不是靠土地,不是靠语言,也不是靠宗族出身。这里没有本地人。本地人是印第安人。所有其他人都是公民,而这些公民只有一个共同点,那就是他们仅仅通过赞同宪法而成为美国公民,这一点非常重要。

在法国和德国,人们普遍把宪法看作一纸空文。宪法可以被改变。然而在这里,它是一份神圣的文件,不断提醒我们一个神圣的行为,那就是建国之举。建国法案和建国的任务是将完全不同的少数派与地区组成一个联盟,并确保他们之间不发生同化,也不被抹除差异。而这一切对外国人来说是很难理解的。一个外国人永远无法理解这些(我们可以说这意味着法治,而不是人治),这在多大程度上是正确的,在多大程度上必须考虑到国家——我差点说成民族——的利益……也就是说,为了国家的利益,为了美利坚合众国,为了共和制。

埃雷拉：在过去十年中，美国被一股暴力浪潮席卷。最重要的事件是肯尼迪总统及其弟罗伯特遇刺、越南战争和水门事件。美国是如何从这些危机中幸存下来的？这些危机在欧洲会导致政变，甚至激起最严重的内乱。

阿伦特：让我换个方式试试吧！我认为，整个事态发展的转折点确实是总统遇刺。无论您如何解释，无论您对它是否了解，有一点非常清楚，在那一刻，美国历史中的政治进程遭受了很长一段时间以来的第一次重创，一次直接的犯罪破坏了进程。而这在某种程度上改变了政治……您知道，此后其他暗杀事件接踵而来：罗伯特·肯尼迪、马丁·路德·金等。最后，华莱士遇袭也是类似。

我认为，水门事件可能暴露了这个国家有史以来最深刻的宪法危机之一。当我说美国的"宪法危机"时，要比我说法国的"宪法危机"重要得多。对于美国的宪法……我不知道自法国大革命以来，您这里有多少部宪法。在我的记忆中，第一次世界大战开始时有十四部。我不想继续往下数了，这里的每个人都能比我做得好。但不管怎样，美国这里有一部宪法，而且已经存在了近两百年。这里的故事是不同的，这里的问题是整个统治结构的问题。

这场宪法危机的特点是——在美国是第一次——立法机关和行政机关之间的正面冲突。然而宪法本身也要负一定的责任,我想简单谈一下这个问题。国父们完全不相信暴政会从行政机关中产生;他们认为行政机关完全是执行机关,这是立法机关规定的。以各种形式运行——说到这里可能差不多了……今天我们知道,暴政的危险当然最有可能出现在行政部门。但是如果我们从宪法的精神出发,那国父们当时在想什么呢?他们认为,他们首先必须保障自己不受多数人的统治,所以如果您认为我们这里是民主制度,那就大错特错了——顺便说一句,许多美国人也犯了这个错误。我们在这里实行的是共和制,国父们对保障少数人的权利深感兴趣,因为他们认为,在一个健康的政体中应该有多元的意见。而法国人称为"神圣联盟"(l'union sacrée)的体制正是他们不希望看到的。因为这已经是一种暴政或暴政的后果了。而暴君很有可能是由那个大多数组成的。这就是为什么他们选择这种方式构建整个统治,尽管总是有一个大多数。但同时总是有反对派,反对派是必要的,因为它代表了几个或所有少数派的合法意见。

国家安全在美国是一个新词。我想您应该知道这一点。国家安全,请允许我稍微解释一下,实际上是法语中"国家理由"(raison d'état)的翻译,而"国家理由",即对国家理由的所有设想,在这个国家从未发挥任何作用。它是一个新的舶来品。而现在,国家安全突然涵盖了一切,您可能从对埃利希曼先生①的问询中知道,各种罪行都可以用它来辩护。例如,总统绝对是正确的……他不会做错事。也就是说,他是共和制的君主。他凌驾于法律之上,他无论做什么,都可以辩解说是出于国家安全的考虑。

埃雷拉:在您看来,现在这些对国家理由的暗示——您所说的犯罪行为对政治领域的入侵——在多大程度上是我们这个时代特有的? 这是我们这个时代的特殊性吗?

---

① 约翰·D. 埃利希曼是尼克松总统的国内政策顾问,于1973年4月30日辞职。阿伦特在这里指的是他向美国参议院水门事件调查委员会(埃尔文委员会)提供的一次证词,该委员会已于1973年5月17日展开公开听证。

阿伦特：是的，我想，这当然是我们这个时代的一个特殊性。就好像无国籍问题也属于我们这个时代，并在不同的方面，在不同的国家、不同的肤色中不断重复。但如果我们要谈这些普遍问题，我们这个时代的特殊性还包括犯罪行为对政治进程的大规模渗透。我要说的东西已经远远超出了那些不论对错总是以国家理由来辩护的罪行。虽然那些总是例外情况，但我们在这里突然要面对的是一种本身就是犯罪的政治风格。

它根本就不是什么例外。这些人（包括总统）都在说：我们处于特殊的紧急情况下，必须对所有人进行窃听。但并不是这样的。相反，他们认为窃听是正常政治生活的一部分。同样，他们也不会说：我们只有这一次要闯入精神病医生的办公室，以后绝对不会，不，绝对不会。相反，他们会说：闯入是绝对合法的……

当然，所有国家安全的事情、出于国家理由的事情是直接从欧洲进口的。当然，在德国人、法国人和意大利人看来，国家安全是一个正常的理由，因为他们一直都是这样生活的。但这恰恰是美国革命想要打破的欧洲遗产。

埃雷拉：您在一篇评论五角大楼文件的文章[①]中把时任美国政府顾问称为"问题解决者"，您描写了这些人的心理。您说：问题解决者是"极度自信"的人，他们很少怀疑自己坚持的执行力。这些人不会满足于给自己无可置疑的智慧提供样例，他们还要吹嘘自己的"理性"，热爱自己的理论，生活在一个纯粹的智性世界中，这使他们对一切感性的东西都有一种可怕的抵制。

阿伦特：我可以在这里打断您吗？我想这就够了。这种对科学的信仰排挤了所有其他的洞察力。我有一个非常好的例子，也是来自五角大楼文件。您知道多米诺骨牌理论。从1950—1969年左右的冷战期间，到五角大楼文件发布后不久，这一直是美国外交政策的官方理论。但事实是，撰写五角大楼文件的高素质知识分子中，很少有人相信这一理论。我想，政府高层只有两三位先生相信。那些相信它的人并不是最聪明的：罗斯托先生和——我不知道——泰勒将军……他们中的大多数不相信，却把他们所做的每一件事都归结到这一理论上，不是

---

① 即《政治中的谎言》(»Die Lüge in der Politik«)。

因为他们是骗子,也不是因为他们想取悦他们的上司——在这方面他们都很守规则——而是因为这个理论给他们提供了一个工作框架,他们使用这个框架,即使他们知道——每份情报报告和实情分析每天早上都向他们证明了这点——从事实层面上来看,这些相应的假设是完全错误的。

埃雷拉:在我看来,我们这个时代被一种基于历史决定论的思维方式所主宰,而且有点无法摆脱。

阿伦特:是的,而且我认为这种对历史必然性的信念有非常好的理由。所有事情的问题——确实是一个悬而未决的问题——是这样的:我们不知道未来,每个人都在为一个甚至无人能知晓的未来而行动。没有人知道自己在做什么,因为未来是被人们创造出来的。行动是指我们行动,而不是我自己行动。① 只有在我是唯一的人的地方,只有当我是唯一的人时,我才能预测我所做的事情

---

① 从字面上看,"行动是一个我们,而不是一个我"(Action is a we and not an I)。这是她自己的行动概念的缩略。准确定义见 Hannah Arendt, *Vitaactiva*, Kapitel 5。

可能会产生什么结果。现在,所有实际上发生的事情都好像是完全随机的,而随机性确实是历史中的最大因素之一。没有人知道会发生什么,只是因为很多事情取决于大量的他们所说的变量,换句话说,仅仅取决于偶然。而如果您回顾一下历史,那么即使所有这些都是偶然,您也可以讲一个有意义的故事。这怎么可能呢?这是任何历史哲学的真正问题:人们在回顾历史时总是认为不可能发生别的,这怎么可能呢?所有的变量都消失了,现实对我们的影响简直是压倒性的,以至于那些给定的、无尽的潜在可能性也无法纠缠我们。

埃雷拉:但是,即使官方更正历史,我们同时代的人也还是坚持自己的决定论思维。在您看来,这是不是因为他们害怕自由?

阿伦特:是的,肯定。您说得有道理。但他们没有说出来。如果他们承认,人们可以立即开始辩论。如果他们能说出来就好了!他们很害怕,害怕自己生出恐惧。这就是他们主要的个人动机之一。他们害怕自由。

埃雷拉:您能想象出这种画面吗？欧洲的一位部长看到他的政策有失败的风险,就委托一个非政府专家小组起草一份研究报告,其目的是要了解……

阿伦特:不是外界专家。是从各处找来的,也……

埃雷拉:对,是这样,但也包括不属于政府机构的人。所以您能想象一个欧洲部长在这种情况下委托这样一项研究吗？只是为了知道事情是如何发生的？

阿伦特:当然不能。

埃雷拉:为什么？

阿伦特:出于国家理由,毫无疑问。他本会感觉到……他可能会立即中止这件事,并且……麦克纳马拉①的态度——您也知道我选择了什么作为格言,即麦克纳马拉的话:我们在那里所做的可不是很漂亮的事。到底发生

---

① 罗伯特·麦克纳马拉(1916—2009),美国共和党政治家、商人,曾任美国国防部部长和世界银行行长。在越南战争中,他用投弹量和杀敌人数等数据来衡量战争进展,造成很多不必要的伤亡。后来他认识到,战争的复杂性超越了人类思维能够理解的范畴。——译注

了什么?① ——这是一种美国人的态度。它向您表明,那时候即使出了问题,事情仍然没有失控,还是有序的,因为有一个麦克纳马拉存在,他想从失败中学习。

埃雷拉:如果美国政府官员今天遇到类似情况,您认为他们还会想学习吗……

阿伦特:不会了,我觉得所有人都不会。我不知道。不,不,不。我把这句话收回。但我不相信……如果我没记错的话,我想麦克纳马拉在尼克松的敌人名单上。我今天在《纽约时报》上看到这个,我想这是真事。它已经向您表明,这整个态度来自美国政治,即来自最高层。您看,这些人已经致力于形象打造(Image-Fabrikation),但只是以一种特定的形式。也就是说,他们问自己:为什么我们的形象打造不成功? 而人们可以回答:这只是一个"图像"的问题。然而现在,他们希望每个人都能接受他们的"图像",并且没有人看穿他们。当然,这是一种完全

---

① 《政治中的谎言》的格言是:"看到世界上最大的超级大国每周杀死或重伤一千名非战斗人员,试图让一个落后的小国在一个激烈争论的问题上屈服,这并不是一幅漂亮的景象。"

不同的政治意愿。

埃雷拉：继富布赖特参议员所说的权力的傲慢和知识的傲慢之后，是否有以赤裸裸的傲慢为特征的第三阶段？

阿伦特：是的，但我不知道这是不是赤裸裸的傲慢。实际上，我的上帝啊，它是关于统治的意志、支配的意志。但是到目前为止，它还没有获得成功，因为我们，您和我，仍然坐在这张桌子边，可以自由交谈。他们还没有成功地支配我，而且不知为何我并不害怕。也许我错了，但我在这个国家感到完全自由。所以那些先生并没有成功。有个人，我想应该是汉斯·摩根索，把尼克松的所有举动称为"堕胎的革命"，流产的革命。好吧，我们还不知道是否真的流产了，他说这话有点太早了。但我们可以说一件事：它并不成功。

埃雷拉：但对我们这个时代具有威胁性的是，政治的目标是无限的。我认为，自由主义的出发点是假定政治的目标是有限的。而给自己设定了无限目标的那些人和运动将会上台掌权，这不就是我们这个时代最大的危险吗？

阿伦特：如果我告诉您，我根本不确定自己是否属于自由主义者，我希望您不要太震惊。我一点也不确定，您知道。而我确实缺乏相应的信仰。我没有什么政治哲学可以归入一个主义。

埃雷拉：当然，但您的哲学反思可是在自由主义思想的基石上进行的呀，您借鉴了古代的东西。

阿伦特：孟德斯鸠是自由主义者吗？您会不会说，所有能跟我扯上点关系的人都……我想说的是：只要可以，我都自便。[1] 我能找到的，适合我的，我统统拿来。这其实意味着，我不再相信我们……我认为，我们这个时代的伟大优势之一真的就如勒内·夏尔所言："留给我们的遗产没有任何遗嘱。"[2]也就是说，我们可以从过去的经验和思想中随意拿，不受任何约束。

---

[1] 法语原文为"Moi je me sers où je peux"。
[2] "留给我们的遗产没有任何遗嘱。"汉娜·阿伦特在杂文集《过去与未来之间》(*Zwischen Vergangenheit und Zukunft*)的序言《过去与未来之间的差距》(» Die Lücke zwischen Vergangenheit und Zukunft«)中阐释了这句话。

埃雷拉:但这种极端的自由难道不会吓跑我们同时代的许多人吗？他们更喜欢找到一种现成的理论、一种意识形态并开始运用。

阿伦特:毫无疑问。这一点毋庸置疑。

埃雷拉:自由,正如您所定义的那样,这种自由,是不是有可能成为少数人的自由——那些有能力发明新思维方式的人的自由？

阿伦特:不,不。它只是基于,比方说……一种信念,相信每个人都是有思想的人,可以像我一样思考,因此可以自行判断是否想要这种自由。如何唤醒人的这种愿望,我不知道。就是说,我不是……我认为,真正能帮助我们的是"反思"(réfléchir)。思考总是意味着批判性的思考。而批判性的思考总是意味着要反对。实际上,所有的思考都破坏了僵化的规则、普遍的信念等。在思考中发生的一切都要接受对其自身的批判性审查。也就是说,没有危险的思想——原因很简单,思考本身就是一项危险的事业……但是我认为,不思考是更危险的。所以我不否认思考是危险的,但我想说,不思考更危险。

埃雷拉：让我们回到勒内·夏尔的话："留给我们的遗产没有任何遗嘱。"您认为20世纪的遗产是什么？

阿伦特：好吧，您知道，首先我们现在还活着！您是年轻人，我是老人。但我们都还活着，而且是为了留下一些东西。

埃雷拉：我们为21世纪留下了什么？20世纪已经过去四分之三了。

阿伦特：我不知道。我完全想不出。我很确定，现代艺术现在处于低潮……不过，我们在前四十年里见证了非凡的创造力，特别是在法国，现在这样也是很自然的。有某种疲惫感正在袭来。——这就是我们将要留下的东西。整个时代，整个20世纪可能将是一个伟大的世纪，在历史上是，但在政治上不是。

埃雷拉：美国呢？

阿伦特：不。不，不，不……

埃雷拉:为什么?

阿伦特:您知道,这个国家……您需要一定的传统。

埃雷拉:美国没有视觉艺术的传统吗?

阿伦特:没有,没有,没有伟大的。比如创作、诗歌、小说、散文等方面的伟大传统。但是,人们必须提到的杰出代表是建筑。这些石头建筑就像石化了的游牧民族帐篷。

埃雷拉:您经常研究犹太人的历史和现代的反犹主义。您在一篇文章的结尾写道,犹太人对反犹主义的唯一政治回应就是19世纪末掀起的犹太复国主义运动。[1]以色列的存在在多大程度上改变了犹太人在世界上的政治处境和心理状态?

阿伦特:哦,我认为它改变了一切。今天的犹太人真

---

[1] 见 Hannah Arendt, *The Origins of Totalitarianism*, S. 120。在德文版中,关于"反犹主义"部分的结尾被修改了。

的团结在以色列背后。[①] 就像爱尔兰、英国、法国等国家的人一样,他们相信自己有一个国家,一个政治代表。他们不仅有祖国,而且有民族国家。他们对阿拉伯人的整体态度在很大程度上肯定也取决于这些认同,来自中欧的犹太人几乎是本能地、不加思考地对此表示认同,一个国家必然是一个民族国家。

现在已经变了,也就是说,犹太人大离散和以色列或者说曾经的巴勒斯坦之间的所有关系都变了,因为以色列不再只是那些在波兰被压迫的人的避难所——在波兰,犹太复国主义者指的是试图在犹太人中劫富济贫的小伙子。今天,以色列确实是犹太民族在全世界的代表。我们是否喜欢这一点是另一个问题,但……这并不意味着离散海外的犹太人必须始终与以色列政府观点一致。这不是一个政府的问题,而是一个国家的问题,只要它存在,这个国家肯定就在世界舞台上代表我们的形象。

[①] 此处和之后的陈述必须在当时的政治背景下看待。1973 年 10 月 6 日,埃及和叙利亚入侵以色列,赎罪日战争爆发。

埃雷拉：而法国作家乔治·弗里德曼大约十年前写了一本书。他在《犹太民族的终结》（*Fin du peuple juif？*）①中得出结论：一方面，未来会有一个新的国家，即以色列；另一方面，散居在各国的犹太人会被同化，逐渐失去他们的特殊性。

阿伦特：这个论点听起来很有说服力，但我认为是完全错误的。您看，在古代还有犹太国家的时候，大规模的犹太人离散就已经存在。这些世纪中，不同形式的政府和不同形式的国家轮番登场，而犹太人是唯一历经岁月真正幸存下来的古老民族，他们从未被同化……如果犹太人是可以被同化的，他们早就被同化了。在西班牙时期有可能，在罗马时期有可能，当然在18、19世纪也有可能。您看，一个民族、一个集体是不会自杀的。弗里德曼先生是错误的，因为他不明白，知识分子的心态确实可以让他们改变国籍，吸收另一种文化，等等，但这并不符合整个民族的心态，尤其这个民族是由一部人人皆知的法

---

① Dt. (übersetzt von Gilbert Strasmann): *Das Ende des jüdischen Volkes* (rowohlt paperback, 67), Hamburg 1968.

典建构出来的。

埃雷拉：同化对美国社会中的犹太人意味着什么？

阿伦特：所以在我们谈到犹太人同化时，我们指的是被周围文化同化，这种同化并不存在。您告诉我，这里的犹太人应该被谁同化？英国人？爱尔兰人？德国人？法国人？还是……好吧，不管是谁……

埃雷拉：人们说美国的犹太人非常美国化，不仅仅是美国人式的，而是被美国化的。这是在暗示什么？

阿伦特：是在说生活方式，这些犹太人都是美国的好公民……这指的是他们的公共生活，而不是他们的私人生活，不是他们的社会生活。当然，他们今天的社会和私人生活比以往任何时候都更像犹太人。大量年轻人正在学习希伯来语，即使他们的父母都不懂希伯来语，诸如此类。但主要的问题其实是以色列，主要的问题是：您支持还是反对以色列？

以我这一代赴美的德国犹太人为例。在很短的时间内，他们变成了非常民族主义的犹太人；他们比我更有民族主义精神,尽管我是犹太复国主义者,而他们不是。我从未说过我是德国人,我总说我是犹太人。但他们马上就被同化了。被谁?被"犹太社区",因为他们已经习惯了被同化。他们被美国的犹太社区同化,这意味着他们以后肯定会变得非常民族主义和亲以色列,他们有一种皈依者的热情。

埃雷拉:从本质上讲,一条宗教纽带在历史上将犹太民族团结在一起,确保他们的生存。我们今天生活的这个时代,所有宗教都处于危机之中,宗教纽带正在松动。在这些条件下,是什么让犹太民族在当今世界上团结一致?

阿伦特:我认为您的这一论点略有错误。当您说宗教时,您想到的肯定是基督教,它是一种信仰。这一点完全不适用于犹太教。它确实是一种民族宗教,民族和宗教是一起的。您知道,比如说,犹太人不承认洗礼,好像它从来没有存在过。这意味着根据犹太法,犹太人永远都是犹太人。只要你的母亲是犹太人——寻找父亲是被禁止的——你就是一个犹太人。也就是说,宗教的观念是完全不同的。它更像是一种生活方式,正如我们所说,它不是基督教那种有限的、特殊意义上的宗教。比如我还记得,我要上犹太课、宗教课,我十四岁左右时自然想叛逆,想对老师做一些可怕的事情。所以我站起来说:我不相信上帝。而他说:谁要求你信了吗?

埃雷拉:您的第一本书在1951年出版,题为《极权主义的起源》。您在书中不仅想描述一个现象,而且想解释它。所以问题来了:对您来说,什么是极权主义?

阿伦特:嗯,如果……首先,我要做几个区分,不是每个人都会同意的。首先,极权主义的独裁统治既不是简单的独裁,也不是简单的暴政。它的主要特点之一……我分析极权统治时,试图把它作为一种前所未有的新的国家形式来研究,因此我试着确定它的主要特征。现在,我想提醒诸位其中一点,这在任何暴政中都不存在,那就是无辜者的作用,无辜的受害者。一个人相应的角色是根据历史的动态分配下来的,您必须扮演这个角色——无论做什么都不重要……在这种情况下,从没有一个政府因为人们说"是"而杀人。通常情况下,政府或者暴君杀人是因为人们抗议。好吧,一个朋友曾提醒我,好几个世纪之前,有人也说过非常类似的话,即无耻到愿意赞同的人并没有好过那些提出抗议的不逊之人。当然,这就是极权主义的基本特征:人对人的完全统治。

从这个意义上说,极权主义今天已经不存在了,俄罗斯曾经是有史以来最糟糕的暴政之地之一,现在也没有极权主义了。即便是在如今的俄罗斯,一个人被送往流放地、劳改营或医院的精神病房,肯定也是因为他做了某些事情。

现在让我们看一下什么是暴政!毕竟,所有极权主义政权出现时,大多数欧洲国家已经形成了独裁统治的氛围。如果我们回溯这个术语和单词的原始含义,独裁绝不是暴政。独裁是在紧急情况下,一般是在战争或内战期间暂时中止法律。在任何情况下,独裁都是有时间限制的,而暴政则没有。[1]

我写《艾希曼在耶路撒冷》一书时,还没有读到布莱希特的这些诗行("这个子宫仍然是肥沃的,它从那里爬

---

[1] 这是对话中唯一无法找到英文原版的部分,因此以法译本为基础。

了出来"①),我还不知道它们。但我的主要意图之一是摧毁关于伟大的恶的传说,摧毁其恶魔般的力量,驱散人们对理查三世等大反派的钦佩之情。然后我在布莱希特那里看到了如下评论:政治上的重犯必须被曝光,特别是被嘲讽。他们不是政治上的重犯,而是犯下了政治重罪的人,这两者完全不同。希特勒不成功的谋划并不表明他是个傻瓜。② 当然,在希特勒掌权之前,他的所有反对派都认为他是个傻子,都有这种偏见。所以有那么多书试图为他辩护,把他塑造成一个伟人。这时布莱希特发话了:希特勒的不成功不能表明他是个傻瓜,而且他的活动的规模并不使他成为一个伟人。这里没什么非此即彼,也就是说,所有伟大的范畴在这里都不适用。布莱希

---

① Bertolt Brecht, »Epilog« zu *Der aufhaltsame Aufstieg des Arturo Ui*, in ders., *Werke* (Große kommentierte Berliner und Frankfurter Ausgabe), Bd. 7, S. 112.
② 确切的引文是:"伟大的政治罪犯当然必须被揭露,特别是被嘲笑。因为他们首先不是伟大的政治罪犯,而是伟大的政治罪行的实施者,这两者是完全不同的……正如希特勒的活动的失败很难让他被定义为傻瓜,而他的活动的规模也很难让他被定义成伟人。"Bertolt Brecht, »›Bemerkungen‹ zu *Der aufhaltsame Aufstieg des Arturo Ui*«, in ders., *Werke*, Bd. 24, S. 315 - 319, S. 316.

特说,如果统治阶级允许一个小罪犯成为一个大罪犯,他也没有资格在我们的历史图景中享有特权地位。也就是说,他成为一个大罪犯,他的所作所为产生了巨大的后果,这一事实也不会增强他的实力。随后,布莱希特在这些相当突兀的言论中泛泛而谈:可以说,悲剧对待人类痛苦的方式远远不如喜剧那么严肃。

这种论断当然令人震惊。但与此同时,我认为这完全是事实。所谓真正必要的东西……如果您想在这种情况下保持道德上的纯洁,只有一种方法,当您想到人们看待这类事件的普遍态度时,您要说:无论他做了什么、没做什么,即使他杀了一千万人,他现在和将来都是一个小丑。

埃雷拉:自从您出版了关于艾希曼审判的书,这部作品引发了非常强烈的反响。为什么会有这种激烈的反应?

阿伦特:这场争论的部分原因是我攻击了官僚机构,您在攻击一个官僚机构时必须做好准备,这个官僚机构会自我辩护并攻击您,让您变得不成体统,还有随之而来的一切手段。这或多或少是一种肮脏的政治行为。嗯,这对我来说并不是一个真正有争议的问题。不过当时曾有过……但假设他们没有这样做,没有组织这场运动,反对这本书的声音仍然会很洪亮,因为犹太人被冒犯了,我指的是那些我真心尊重并因此能够理解的人。他们首先被布莱希特所说的话,被笑声所冒犯。我当时的笑在某种程度上是无辜的,没有经过深思熟虑。我看到的是一个小丑。

例如,艾希曼基本上不会因为自己对犹太人的所作所为而烦恼。但有一件小事困扰着他。在一次审讯中,他打了维也纳犹太社区时任主席的脸。老天哪,许多人经历的事情可比被打脸糟糕多了!但艾希曼从未原谅自己的做法……他认为自己做了一件非常错误的事情。可以说,他已经失去了镇定。

埃雷拉:您认为目前市场上出现了一整个文学流派,它尤其关注纳粹主义,用浪漫的手法描述其领导人和他们的事迹,使他们在整体上显得有人性,以此间接为他们辩护。您为什么会这么想?您认为这样的出版物是出于纯粹的商业目的,还是有更深的意义?

阿伦特:我认为它有意义,至少它表明曾经的事可以再次发生。而在我看来，这绝对是事实。您看，暴政很早就被发现了，而且很早就成了真正的敌人。但这从未以任何方式阻止一个暴君成为暴君。这没能阻止尼禄，也没能阻止卡利古拉。而尼禄和卡利古拉也没有阻止一个距离我们更近的例子，这个例子直观地展现了罪行大规模入侵政治生活意味着什么。

第二部分

与卡尔和格特鲁德·雅斯贝尔斯的交流[①]

[①] 节选自 *Hannah Arendt und Karl Jaspers, Briefwechsel 1926 - 1969*, herausgegeben von Lotte Köhler und Hans Saner (Serie Piper, 1757), München-Zürich: Piper, Neuausgabe 1993, 3. Aufl. (7.- 11. Tsd.) 1993, entnommen。出于编辑和节选的需要,原书中的尾注在必要时被改为脚注。除了一些交叉引用,新的脚注和补充内容都标记为"编者注"。如果洛特·科勒和汉斯·萨讷的原有注释未被全部选用,则用省略号表示。细微的技术性改动未予标明。——编者注

关于个人生平

尊敬的、亲爱的雅斯贝尔斯教授：

……

您现在可能已经听说，我们已经离开法兰克福，搬到了柏林。由于师资方面的困难，我丈夫①的特许授课资格不得不暂时推迟。这本身也没什么不好，因为这些私下送出去的论文得到的都是正面评价，除了一个例外②。

---

① 君特·施特恩，生于 1902 年，后来以君特·安德斯的身份成为作家。（他于 1992 年在维也纳去世。——编者注）
② 即西奥多·W. 阿多诺。施特恩想用一种"音乐哲学"来获得授课资格。——编者注

然而,在我们逗留和商谈职位期间,蒂利希先生①渐渐表现出明显的不可靠,而且很容易摇摆不定,如果我们继续等待的话也没有什么意义,除非能够向蒂利希不断施压,让他对自己的弱点做出让步。此外,上次座谈以蒂利希比以往更难堪的忏悔和认罪而告终,这种局面完全不能再继续下去了,也就是说,对各方来说都有辱人格。因此我们倾向于离开法兰克福,首次试着在学术界之外找到一种生存方式。(1931年11月2日)

请您相信我,我和我丈夫都没有任何学术上的愤恨。一定是我没把自己的意思表达清楚。我们在法兰克福的遭遇在学术界很不常见。(1932年1月26日)

您能赞同我的文章,当然让我非常高兴——虽然我不知道您读过什么。我自己还没有给您寄过文章,但一

---

① 保罗·J. 蒂利希(1886—1965),新教神学家。1929年起,任美因河畔法兰克福大学哲学教授。于1933年移居国外……(阿伦特和蒂利希在纽约再次相遇,多次接触。见下文中阿伦特关于蒂利希的描述,以及《建设》(Aufbau)上的第22号文章。——编者注)

旦我们的邮政交通恢复正常，我就会寄出。那样的话，我将必须请求您的宽容，请您想着我是在用外语写作（这就是移民的这种问题），而且十二年来，我只是从道听途说中知道精神活动的休息这个词。自从我来到美国，即从1941年起，我就成了自由撰稿人，介于历史学家和时政评论员之间。后者主要适用于犹太政治的问题；只是考虑到日渐高涨的仇恨和越来越多的愚蠢，我无法再保持沉默，所以才写了关于德国问题的文章①；特别是我就是犹太人。除了这些工作，我目前还参与了一个犹太组织的研究项目，也就是说我要管理这个项目。② 在这个研究（research，原文如此！）国度，这是稀松平常的。此外，这个冬天，我可能会在当地一所大学③为回乡士兵开设一门关于独裁的课程。

---

① 即《德国问题的方法》（»Approaches to the German Problem«）一文。
② 自1941年以来，阿伦特积极为欧洲犹太文化委员会工作。1949年至1952年，她担任1948年成立的犹太文化重建组织的执行董事，该组织的任务是寻找并归还犹太书籍和宗教物品。——编者注
③ 从1945年到1947年，阿伦特在布鲁克林学院研究生部教授欧洲历史。

我还必须补充一点（我无法想象这么多年都没有见您了），我九年前结了婚，嫁给了一位德国人。这可能是在"惩罚"我 1933 年之后的愚蠢行为，当时我几乎所有的非犹太朋友都加入了一体化进程（犹太朋友们后来才加入了斯大林、达拉第①或其他什么人的阵营），所以我遇到非犹太人就自动产生不信任感。(1945 年 11 月 18 日)

我丈夫名叫海因里希·布吕赫——我没法用文字来描述他。战争期间，他曾在军队任职，有时候在大学工作，因为他所掌握的军事科学知识，他还做过广播员。随着战争结束，他卸下了所有这些或多或少官方的工作，现在在私人公司担任经济研究员。他来自柏林的一个工人家庭，在柏林跟随（汉斯）德尔布吕克学习历史，然后在一家新闻社做过编辑，并在不同场合积极参与政治活动。我们完全可以保留原来的称呼。在美国这里，妇女自己也去工作时，用原名是很常见的。出于保守主义（同时也

---

① 爱德华·达拉第(1884—1970)，法国政治家、激进社会党领袖。1938 年，他代表法国和希特勒签署《慕尼黑协定》。他对法西斯国家的侵略扩张采取绥靖政策，在外交上积极追随张伯伦。——译注

因为我想在名字中保留犹太人的标志),我很乐意被这个习俗同化。

当然,现在您肯定会说,我对您真正想知道的东西故意避而不谈。您大概想知道我是否已经以某种方式适应了这种生活。这很难回答。我仍然是无国籍的,而带家具的房间在某种程度上仍然是合适的。我们和母亲一起住在一个带家具的公寓里;感谢上帝,我能够在11月的大屠杀(1938年)之后及时把母亲送到法国,并从那里把她接到美国。您看,我在任何方面都没有变得受人尊敬。我比以往任何时候都坚信,今天我只有驻留在社会边缘才能让自己有尊严地生存,这样的生存或多或少是一种诙谐,因为要冒着遭受石刑或饿死的风险。我在这里相当有名,在某些问题上,有一些人授予我一定的权威地位。也就是说,他们信任我。但这也是因为他们知道,我并不期望以信念或"天赋"让自己飞黄腾达。

或许我要举几个例子来澄清我的意思。如果想成为受人尊敬的人,我要么对犹太人的事情漠不关心,要么就不该嫁给一个非犹太人。两者同样都是非人性的,而且在某种程度上是疯狂的。这一切听起来愚蠢得可悲,我并没有这个意思。因为您所说的"幸福的美国"是对的——这里的政治架构基本上是健康的,所谓的社会还没有那么强大,还可以容忍一些例外。(1946年1月29日)

亲爱的最尊敬的——

……

我只想再补充几句,我已经接受了朔肯出版社管理层的职位。我做其他工作只是为了能尽快前往欧洲。而这在某些情况下可能会很有乐趣,也就是说,如果我能成功与那位权威在握的先生,即俾斯麦本人[1]打交道的话。(1946年7月9日)

出版社的工作很忙,也很有乐趣。目前我的工作比去年冬天少得多,而且时不时能偷个懒,这也让我非常享受。(1946年10月5日)

---

[1] 萨尔曼·朔肯(1877—1959)……(在朔肯出版社任职期间,阿伦特负责 B. 拉扎尔和卡夫卡等人的编辑出版工作。——编者注)

关于个人生平

朔肯出版社现在确实给我带来很多乐趣。到目前为止,我和这位老先生相处得很好。他非常有幽默感,到现在也没有试图欺负我。他很聪颖,总是对知识成果和知识分子充满热情而期许的尊重。因为我们都知道,骆驼穿过针眼比富人上天堂更容易[①],所以很多事情取决于他是否还能成为骆驼。很有可能。

严肃地说,现在的情况是我已经退出了犹太政治。我认为在各种组织和犹太复国主义运动的官方世界里,明智的做法是什么也不做,至少目前没有什么可做的。因此我别无选择,只能满足于这个小小的文化政治机会——当然就是像朔肯这样的犹太出版社。此外,同事们几乎都很友善,尤其是美国同事们,其中一些人是在我的建议下招募的。简而言之,这份工作不是生活中的一件严肃之事,也不是写作(如果要用它来挣钱,那就会变成一份非常不愉快的职业),它给我带来快乐。

不要以为我已经放弃了造访计划。我只是不知道该

[①] 这个典故出自《新约·马太福音》。有一个青年财主问耶稣如何永生,耶稣让他变卖一切,分给穷人,这个青年拒绝了。于是耶稣感慨道:"骆驼穿过针的眼,比财主进神的国还容易呢。"——译注

如何着手。也不要以为我对海德堡或其他地方有思乡之情。(我最想念的其实是巴黎。)我也不怀念我的青春。我真的只想到您身边,拜访您一次。我从1933年起就想这么做,这一点从未改变。尼采说"没有家的人是有福的"①,这句话难道不对吗?反正对我来说,这位先生②给我提供了一个移动的幸福之家(这完全不可替代)。(1946年11月11日)

我附上一份给您的赞词的副本;原件交给了(道夫)施特恩贝格尔。请您随意修改。您看,二十年前的某个时候您曾经鼓励我,让我第一次也是最后一次变得有"野心",也就是说我有野心不令您"失望"。而现在您允许我把这本小书献给您③——在世界的火焰中,年轻的梦想得以实现,而这些梦想能够成真,只因它们具有了另一重

---

① 尼采的诗歌《孤独》(»Vereinsamt«)的第一节以诗句"有故乡者,拥有幸福!"结束,最后一节以"无故乡者,拥有痛苦!"结束。(阿伦特引用有误。——译注)
② 指海因里希·布吕赫,阿伦特对外称他为"先生"。
③ 雅斯贝尔斯在3月19日的信中对"赞词"做出回应,阿伦特在5月3日的信中寄来了修订版。——编者注

意义。所有这些都像一个奇迹。（1947年3月1日）

我应该补充一些关于我母亲的情况，但这太难了，因为我觉得您对所有前提条件都不了解。我是独生女，年幼失怙。（我父亲在我六岁时就去世了，在那之前他一直多病，瘫痪在床。我和我母亲很幸运，健康无疾。我母亲非常爱我父亲，她不想把他送进看护机构。）我母亲后来再婚，我的继父带来了他与前妻的两个女儿。其中一个和我是朋友，比希特勒早几年自杀了；另一个现在住在英国，我和她没有联系。在战争期间的某个时候，我的继父在柯尼斯堡离世，他没有受到任何波及，感谢上帝。在11月大屠杀之后，我把母亲带到了法国，然后非常幸运地给她拿到了赴美签证。这些老年人没有彻底独立的精神存在，让他们去国离乡是很困难的，如果不是迫不得已，我也不会这样。留在法国会更容易一些，因为她的法语说得很好——她年轻时在巴黎学习过三年——而且她在那里朋友更多。在这里，恐怕她是相当孤独的。我们相处的时间很少，真的只有在晚饭时才能碰面。但她充满活力，也很健康，身体也相当好（尽管她几年前出过一次严重事故,股骨颈骨折,但在这里——美国的奇迹之一——已经完全愈合)。她负责我们的家务,直到几个月前还在一家针织钩编厂工作(不是因为她必须这样做,而是因为她想这样做,而且她这里所有同龄的熟人都在做类似的事)。现在她觉得自己失业了,而且不太理解为什么我对此感到开心。我对她充满感激,尤其因为她给我的教育毫无偏见,而且富于可能。① (1947 年 3 月 25 日)

我于 8 月初重返办公室,并尽可能地参加会议,我努力像其他人一样表现出与之相称的隆重感,但我总是心有余而力不足。我永远也不会成功的。如果我必须认真对待自己,那生活对我而言就没有任何乐趣了。老朔肯(犹太人中的俾斯麦)和他两个完全被压制的儿子——很遗憾我写不出幽默故事。不过,这是一个相当好的解决方案。我可以偶尔做一点,任何事儿都行。此外,就我的

---

① 1948 年 7 月 26 日,阿伦特的母亲玛莎·比尔瓦尔德去世,她寡居前姓氏为阿伦特,原姓科恩。——编者注

关于个人生平

时间而言,他们对我非常慷慨。——明天我的母亲就要回来了,我们把她送到乡下,躲避纽约这令人难以忍受的夏天。(1947年9月4日)

关于我没有什么可说的。我的工作相当繁重。除了工作之外,这种写作让人筋疲力尽,常常让我烦躁。我将在2月休假一两周,并且已经开始期待睡个好觉了。(1948年1月25日)

马格内斯①来了,他领导的是唯一一个仍然愿意与阿拉伯人寻求共识的团体,而我半信半疑,因为责任感才卷入这场麻烦,他们有公开发布的内容,也有秘密的备忘录。这一切到底有没有任何意义,是否暂时退出更为明智,下周可能就有定论了。(1948年5月28日)

我将在初冬时节从朔肯离职。现在因为巴勒斯坦战

---

① 朱达·莱昂·马格内斯(1877—1948),耶路撒冷希伯来大学总务长和第一任校长。……

争①，我在政治上又活跃起来。当然，假期内我也会继续关注。（1948年7月16日）

我有两个月的长假，我母亲在这期间去世了。她去英国拜访继妹和其他十多年未见的亲戚，但在船上心脏病发作。

自从回来后，我就一直忙得不可开交。在我去度假之前，耶路撒冷希伯来大学的校长马格内斯已经说服我在他的小型美国团体中担任政治顾问。我与马格内斯本人有了非常密切的合作，他是一个很好的人，我们在夏天就已经通过书信合作。他在本周去世。我知道他身患重病，他自己也知道。这是我接受职位的原因之一。现在会发生什么，我不知道。这个人绝对是不可替代的：他既有典型的健康的美式理智和正直，也有真正的犹太人的激昂正义感，几乎是半宗教式的正义，这两种特质奇特地

---

① 在英国军队撤出巴勒斯坦（托管期结束）的同时，犹太民族委员会于1948年5月14日宣布以色列建国，包括了巴勒斯坦的四分之三。5月17日，阿拉伯邻国的军队袭击了新国家的犹太人定居点。这场战争一直持续到1949年6月。

关于个人生平

融合在他身上。他对人们产生了个人影响,在犹太人和阿拉伯人中也有一定的权威;不是实质性的政治影响,但远胜于无。……

请您不要因为震惊而担忧。我现在做的这份工作①报酬更丰厚。此外,我们靠先生的工作也是可以生活的,尽管很拮据。目前,我正在以集中营的文章为基础与一些组织进行商榷,准备开展一个更大的项目,研究极权主义政权下集中营的社会、政治和心理环境。当然,这就跟所有类似的机会一样,在某种程度上是骗术,是用科学虚构出来的骗术。但我可以借此做一些合理的事情,我只需要提出领先的观点,并且可以支配很多人手,所以我将有大量的时间做我的工作。

我笔耕不辍,这本书②已经完成了四分之三。我现在很害怕最后四分之一,关于这部分我还要读很多书,目前我正在做这个。(1948年10月31日)

---

① 担任犹太文化重建委员会的执行董事。——编者注
② 即《极权主义的起源》。——编者注

不过,我现在给您寄送的是一份《纽约时报》的摘录①,它可以最清楚地解释我这段时间的所作所为。现在,董事们必须筹集资金;无论如何,我已经履行了我的职责,帮助建立了基金会,并写了一本导论手册介绍犹太人和阿拉伯人之间的理解②,只要出版,我马上寄给您。(1948年12月22日)

您对报纸附图的反应让我们大笑不止。确实,有点失真了,但我本人在这种情况下也没好到哪儿去。总的原则还在:哦,还好没有人知道我是侏儒怪。(1949年1月28日)

---

① 从1948年12月18日开始的关于朱达·莱昂·马格内斯基金会成立的报道,附有签字仪式的照片和图片说明:"最高法院法官小威廉·C.黑希特手持基金会文件,两位董事汉娜·阿伦特博士和詹姆斯·马歇尔望向文件。"(《阿伦特与海德格尔书信集》重印了这张照片作为图4。——编者注)

② 小册子《犹太人和阿拉伯人的理解要点》(The Essentials of Jewish-Arab Understanding)只有手稿。1950年,手册经删节和修订后以《近东的和平还是停战?》(Peace or Armistice in the Near East？)为题出版。阿伦特将其献给朱达·莱昂·马格内斯。——编者注

关于个人生平

简单更新一下我的计划：几乎可以肯定的是，我将在9月前往欧洲。我还不知道我什么时候开始新工作[1]，这件事不是完全由我决定。我将于8月1日左右完成这本书[2]；然后是技术工作、英语校对、审查、核对注释等。出版商的来信总是友善又耐心，显然是习惯了更糟糕的作者。我还不能预见我在欧洲当地的计划；我很可能必须去德国，一个当地犹太组织委托了我，而且旅行中的这部分时间是有固定日程的。出于经济考虑，我会接受这份工作，太值了，我无法拒绝。如果没有什么结果，那我就完全没有工作约束了。（1949年6月3日）

现在对我来说更轻松，书已经完成了（将近九百页），工作也很愉快，强度不大。（萨洛·W.）巴伦，我的老板，也是该组织的主席，希望我在11月中旬启程；我怀疑我

---

[1] 担任犹太文化重建委员会的执行董事。——编者注
[2] 即《极权主义的起源》。——编者注

到那时还拿不到德国的许可证。[①] 无国籍状态让我在欧洲办事机构那里处处碰壁;在这里,无国籍状态没什么大不了,甚至英国人也立即给我签证。与欧洲领事馆的区别真的很明显。(1949年9月29日)

亲爱的最尊敬的——

我现在已经回来几周了,时间真是飞快。当然我大部分时间是在跟别人细说巴塞尔,眼下回忆起来,整个旅程完全围绕着巴塞尔展开,也许比起总是疲于奔命的那几个月,我想得更多的是巴塞尔。那种毫无保留的谈话让我一直感到幸福,我本来只在家里这样交谈,而它再次成为可能(在一个人自己建造的居所之外),成为我的世界中一个永远鲜活的因素。(1950年4月10日)

我又读了很多马克斯·韦伯的书——实际上,是为

[①] 11月24日,阿伦特飞往巴黎,在欧洲停留了近四个月。12月,她在巴塞尔与雅斯贝尔斯重逢。她在《纳粹统治的后遗症》(»The Aftermath of Nazi Rule«)一文中总结了她重返德国的印象。
——编者注

了回应您的梦①。一开始,这个梦让我产生了愚蠢的自得自满,以至于我为自己感到羞愧。但保持清醒是不可能的,至少对我来说不可能。一些教条主义的东西在我身上总是根深蒂固。(犹太人敢于书写历史,就要面临这个后果。)

....

从昨天开始,这座城市一直在议论战争。我们不相信,但人们永远也无法明白世界历史,这个已经脱节的世界历史。我总是会想到那个犹太人的笑话。一个犹太人害怕一只大声吠的狗。他们安慰他说:您知道,经常叫的狗是不会咬人的。他回答:我知道,但我不知道狗自己是否知道这事儿,所以我还是害怕,当然比在欧洲旅行之前怕得更厉害、更具体了。现实毕竟是一个奇怪的东西。
(1950年6月25日)

---

① 雅斯贝尔斯在1950年4月20日的信中与阿伦特分享了以下梦境:"我们一起在马克斯·韦伯那里。您——汉娜——姗姗来迟,迎接您的是欢呼。上去的路要经过一个峡谷。这套房子是(海德堡的)旧房子。马克斯·韦伯刚刚从世界各地旅行回来,带来了政治文件和艺术品,特别是东亚的作品。他给了我们一些,最好的给了您,因为您比我更了解政治。"——编者注

我们过得挺不错的。先生已经开始在新学校授课，他很开心。我已经改完了书，整个过程让我叫苦不迭，困扰我的索引也消停了。时光简直无比美妙——我阅读柏拉图：《政治家》《法义》《理想国》。① 我正在慢慢重拾希腊语。我听了很多音乐，也看望朋友。今天早上，(亚历山大)柯瓦雷②突然打来电话，我非常高兴。(1950年10月4日)

11月底，我第一次前往中西部——在圣母大学和芝加哥开设讲座。圣母大学的学生让我特别高兴，还有教师，他们都很乐意接受我的东西。(沃尔德马)古里安把我带到那里。他战战兢兢，因为在这个天主教的地盘上，还从没有女人站上讲台。他满头大汗，是字面意义上的大汗，因为杀气腾腾的寒意而充满恐

---

① 见《思想日记》(*Denktagebuch*)中的相应条目，笔记本Ⅰ和Ⅱ。
② 亚历山大·柯瓦雷(1892—1964)，俄罗斯科学史家。——译注

关于个人生平

惧,这让我非常兴奋,甚至忘了自己平时的怯场。①
(1950年12月25日)

当然,随着我对普林斯顿②了解的加深,我对它的期望肯定少了一点点。当然您说得有道理,虽然可能不只是胡闹。我主要顾虑的也是气候问题;美国人已经忘记了,但这块大陆不是为人类定居而设计的。夏天太热、太潮湿,冬天太冷、太潮湿。但这个国家总是充满激情,即使是做蠢事的时候也是如此。能流落至此,我一直心怀感激。为了我的公民考试③,或者说为了庆祝它,我学习了一些美国宪法的历史。真的很伟大,每一句措辞都很伟大。其中大部分仍然生动鲜活,即使有些美国人对此几乎不了解,您也很容易看到历史的影响,因为它已经存在于美国人的血肉之中。我不得不就此打住,我已经竭力向您描述了。

---

① 在圣母大学,阿伦特曾就"意识形态与宣传"和/或"意识形态与恐怖"发表演讲。——编者注
② 雅斯贝尔斯曾拒绝普林斯顿大学的邀请。——编者注
③ 1951年12月10日,阿伦特获得美国公民身份。

我们在纽约附近(四小时车程)的山区度过了一个愉快的假期。我正准备再去那里待上几日(犹太节日)。我已经爱上了那里的风景。(1951年9月28日)

我曾在某个时候与戈洛·曼有过几面之缘,我非常喜欢他这张脸,但他的羞涩让我感到不知所措和尴尬。现在我很愿意见见他,既然他这么恼火[①],肯定能和我更好地交流。

"夸大其词"——当然了。"意义关联",如您所说,几乎不能以任何其他方式呈现。这些关联不会夸大其词,只是被阐述出来。而思考总是夸大其词;当孟德斯鸠说共和的政府形式是基于道德原则时,他也在"夸大其词"。此外,我们这个世纪的现实的确已经被推得太远,人们可以很有把握地说,现实是"被夸大的"。我们的思维最喜欢熟悉的路径,很难跟上现实。不过,我们的思维至少努力说一些适宜的话,假如可能的话,甚至用一种适宜的语

---

① 雅斯贝尔斯(在1952年1月12日的信中)说,戈洛·曼在《新报》(*Neuen Zeitung*,1951年10月20/21日)上对《极权主义的起源》进行了"重新审视,但很有批评性"。——编者注

气。如果人们不用现实来衡量这种思维,而是用其他历史学家的观点,尤其是这些历史学家假设一切其实都正常时所持的观点,那么一切听起来肯定是无意义的、偏激的。

他一定是因为自己的新保守主义而感到恼火,当然,我并不赞同他的立场。但是,我希望他别像许多学者那样因为门外汉而恼怒,门外汉会干涉这些学者的工作,在引用他们时不会附上应有的赞美,不去出席专业大会,甚至没有雄心成为教授这样光荣的人物。这种恼怒通常很容易平复,即使手段并不完全公平。毕竟,我不明白为什么女人只应该承受劣势,而不能稍微发挥一下优势。

我真的写过我受邀去哈佛大学吗?这也是恼怒和迷恋的混合体。明年秋天将召开一次关于极权主义的会议。肯定不会有什么结果,但这次我会去的。(1952年1月25日)

就个人生活而言,我们很不错。海因里希很喜欢(在巴德学院)教书,哲学突然在巴德学院流行起来,这一事实也让他欢欣。不过,教师们对此不感兴趣,尤其是哲学系的同事们。但您对这一切都很了解,而且事情总是这样。他只有周五到周日在家,所以我是个独居者,我一点也不喜欢这样。所以我总是让自己忙于工作,也很有乐趣。请不要认为我们的个人生活非常压抑。完全相反。我们从来没有这么好过——正如我们善良的老杜鲁门可能要说的那样。

我正在准备普林斯顿的系列讲座[①]和哈佛大学的一次讲座。在普林斯顿,我将谈论政治哲学传统中的马克思。要谈论某些普遍问题,他是一个好的切入点。春天时,我还在新学院读了一些书,我很喜欢。关于政府的形式。

我没有回复您的亲爱的信,请您不要对我生气。很长时间以来,所有其他的事情就已经在我脑海里,现在这

[①] 作为"克里斯蒂安·高斯批评主义研讨会"的一部分,阿伦特于 1953 年 10 月至 11 月在普林斯顿大学做了六次讲座。它们以"卡尔·马克思和政治思想的传统"为题。部分内容见于《当代政治思想中的可疑传统》(*Fragwürdige Traditionsbestände im politischen Denken der Gegenwart*)和《过去与未来之间》等书或之前的文章中。——编者注

封信已经变得非常长了。而我正在追寻"新"与"始"之间的联系,这种联系无处不在,让我写得过于详细。我可以提醒您尼采的一句话(出自《权力意志》)吗?"科学的发展越来越多地让'已知'溶解于未知——但它想要的恰恰相反,并从本能出发,将未知回溯到已知。"[1]我刚刚写了一篇短文,讨论"理解"的困难,今年夏天可能会发表在《党派评论》上。到时候我会寄给您——我没想着您现在就应该读它!!!(1953 年 5 月 13 日)

普林斯顿系列讲座可能算是成功的。我试图阐明政治领域的实际情况,我以国家形式的定义模式为例,想要解释传统的定义在多大程度上是不充分的。所有这些都是非常初步的想法,但我已经取得了一些进展。(1953 年 11 月 15 日)

海因里希上周末回来了,现在已经放了两个月的假。他已经恢复了。就目前而言,过度工作并没有困扰他。但

---

[1] Nietzsche, *Der Wille zur Macht*, Nr. 608.

人们总是要谨慎些。他1月就满五十五岁了。我在哈佛做了两次讲座①,从哈佛回来后我没有做任何事,明年之前也不打算做任何事。我什么也不想看。在哈佛大学的其中一次讲座上,我是真的栽了大跟头。多年来,我彻底惹恼的社会学家们终于发怒了,对我大加挞伐。这相当有趣。我确实喜欢论战。现在,节日的几周到了,要接待很多人,也有很多家务。我们要举办一个盛大的新年聚会。我们一个帮手也没有,所以很不容易,但肯定都能解决。起码这事儿过了,我们就摆脱所有的义务了。(1953年12月21日)

我不能到欧洲去,这对我来说非常痛苦。但在此期间又出现了其他事。加州大学伯克利分校在一年多前就向我提供了教席。我曾对他们说,我虽然不想当"教授",但我对临时性的东西总是抱着开放的心态。他们向我求助,请求我到那里教一年书,待遇很好。我们打过很多次

---

① 一个讲座的主题是"什么是权威?",第二个讲座的题目无法确定。关于"权威",阿伦特后来发表过许多内容,最早是于1955年文化自由委员会在米兰举办的大会上做的一次演讲。——编者注

关于个人生平

电话(这里的所有商谈都是通过电话进行的,跨越三千英里,听起来就像身处同一个房间),一致决定我在春天去待一学期,我将会开设一门讲座课,讲述从马基雅维利到马克思的政治理论史,还会开设两门研讨课,一门初级研讨课和一门研讨课。[①] 这对我来说绝对有益健康,我将在几个月的时间里持续表达、输出,这样孩子们才能理解我。但分离相当令人不快,毕竟是三个半月到四个月;在目前的情况下尤其让人不愉快,这段时间我们非常孤独,至少比平时更依赖对方。但在另一方面……(1954 年 7 月 24 日)

亲爱的最尊敬的——

您会认为我迷路了。而且确实有点儿。现在我已经幸福地抵达我们西方世界的顶端,即东方与西方交界之处。驾车来到这里的过程让人无比兴奋,妙不可言。穿过一望无际的平原,洛基山脉突然拔地而起,悬崖山峰让

[①] 讲座以"政治理论史"为题。其他两门课程的主题是"当代问题和政治理论"(初级研讨课)和"欧洲政治理论:极权主义的意义和极权统治的技术"(研讨课)。——编者注

人赞叹;平原一直延伸开去,只有河流偶尔将它分割,这是欧洲大陆最重要的景观。但是,当整个大陆在你面前展开时(我乘坐火车旅行,三天三夜),你会觉得自己仿佛置身于创世之初。当太阳从雪堆或崖石上升起时,就是这样:"然后他创造了曙光,怜悯了受煎熬之人。"[1]今天我在旧金山,非常漂亮的城市,和里斯本的规模一样。但这是在太平洋地区!这完全不同,这里的海浪比大西洋更大、更危险,再加上黑沙。

我在其他时间就会有些孤独,对事情接下来的进展充满好奇。讲座课在一个星期后开始。校园的华丽简直前所未见,图书馆里装饰着大理石,等等。我还不知道学生怎么样;系里显然一切正常。这里的哲学沉迷于语义学。而这是三流的。不过这所大学在当地的名声很好。

我住在院系俱乐部,住宿条件不错,而且餐食很好。这里的一切都非常舒适,但并不豪华。奢侈品是为学生

---

[1] Goethe, »Wiederfinden« (*West-östlicher Divan*, Buch Suleika), aus der 4. Strophe.

和董事会准备的,教职员工并没有被宠坏。学生是未来的金主,因此比教授们重要得多。原则上,东部也是这样的,但在东部不会注意到这些。我附上一份问卷,这里鼓励学生们填写这种针对教授的问卷。东部也有类似的,但我还没有见过这样的东西。真的可以研究一下,民主制度是多么容易变成暴民统治。

....

我现在无法正常写作。我必须先找回我的宁静。过去的几个月简直可怕。我不得不奋笔疾书完成我的书的德文版①,还要完成布洛赫两卷本杂文集的编辑工作。此外还要为这里的工作做准备。(1955年2月6日,加州伯克利)

我很快就结识了奥尔斯基夫妇(莱昂纳多和凯特)。在您的鼓动下,我给他写了信。他确实是一位学者,有一些文章非常精彩。我还会再见到他。但我在那里寄出的明信片并不完全是真诚的。他,尤其还有她,很明显希望

---

① 即《极权统治的要素和起源》。

我那样写，所以我妥协了。

我有时也会遇到这种情况。而且不知为何，这是所有沙漠中最最美丽的一个，真的。只是奥尔斯基一家不再是我的绿洲了。我永远无法回到那个纯粹的教育世界了，甚至那个世界也不是很纯粹。在写完卡片后！奥尔斯基夫人说她觉得自己在这里就像在一个"黑人村"，这真的让我很气愤。我给奥尔斯基和（曼弗雷德）布科夫策写了同样的东西，布科夫策没有回答我，我后来在奥尔斯基那里见到了他。您是对的。也许更应该进行口头上的交流。不过奥尔斯基是一位真正的学者，我对他充满敬意。

但是讲到绿洲的话，第一个真正的绿洲出现在一个来自旧金山的码头工人身上，他读过我的书，并且正在阅读您的所有英文作品。他自己写作，也会投稿发表，他的方式是法国伦理学家那样的。他想知道一切，也包括您的一切，我们马上就成了朋友。他带我游览了旧金山，就像国王向尊贵的客人展示他的王国一样；他每周只工作三四天，这对他来说已经足够了。在其他时候，他阅

关于个人生平

读、思考、写作、散步。他叫埃里克·霍弗①,有德国血统,但出生在这里,不懂德语。我跟您说起他的情况,因为这是此地发生的最好的事。而且您别忘了,我是通过一个同事在这里认识他的,他在大学里有很多朋友。不过我不能带他去见奥尔斯基,这就说明了奥尔斯基的问题。

第二个绿洲是我在这里的俱乐部认识的小邻居②,她非常年轻,正在攻读博士学位,整个房间摆满了柏拉图、亚里士多德、康德和黑格尔。她是从西部来的,也是赤贫家庭的孩子。她聪明又善良,让我感到很熟悉,仿佛她就是邻村来的一样。

实际上,讲座和研讨课进行得相当顺利。学生们非

---

① 埃里克·霍弗(1902—1983)后来在加州大学伯克利分校讲学。他的第一本书是1951年的《真正的信徒》(*The True Believer*),德语版为1965年的《狂热者:游击队的病理学》(*Der Fanatiker: Eine Pathologie des Parteigängers*)。1983年2月,他获得美国最高等级的平民奖励——总统自由勋章。他自己在一次采访中回应了"您是一个知识分子"的说法:"不,我是码头工人。"
② 即贝弗利·伍德沃德。正如阿伦特在后来的一封信(1958年3月16日)中所写的那样,阿伦特对她来说"有点像母亲的替代品"。
——编者注

常满意,我有很多来自其他院系的访客,特别是来自历史系的。但也有哲学家,甚至理论物理学家。[1] 不幸的是,我们的师资就是特别差。我的同事们真的不值一提——除了一个年轻的讲师。而学生们也是类似。初级研讨课带给我的快乐要比研讨课多得多;初级课程的学生仍然敢于冒险,他们充满活力又智力过人。不幸的是,我所有的班级都人满为患。有各种原因。而且我已经有点过度劳累了,但这对我没有任何危害。在初级研讨课上,我让学生读您的《时代的精神状况》(*Geistige Situation der Zeit*)和《历史的起源与目标》(*Ursprung und Ziel der Geschichte*)。[2] 只要孩子们克服最初的震惊,发现他们只要稍加努力就能很好地理解文章,他们就会感到非常高兴。但这个初级研讨课有八十个人,有时我觉得自己是马戏团的团长。而在研讨课上,我们只讨论极权主义。顺便

---

[1] 汉斯-彼得·迪尔就是其中一员,后来成为马克斯-普朗克物理学和天体物理学研究所的主任,见他的文章,收录于 Bernward Baule (Hrsg.), *Hannah Arendt und die Berliner Republik*, Berlin: Aufbau, 1996, S. 41-64。

[2] 英语版本分别为: *Man in Modern Age*, 1933; *The Origin and Goal of History*, 1953。

说一下,这里有不少获得奖学金的德国学生,其中一个似乎真的相当优秀。当然,还有一些犹太学生,他们一部分是德国人,一部分是美国人的后裔。总共只有二十五名学生(对这里的研讨课来说,人已经太多了)和大约二十名听众,后者是我不必担心的。

……有一点我很清楚:我无法忍受长时间的教学。原因很简单,经常在公共世界里活动对我来说几乎是无法忍受的。在这样的世界里,我就是被摆在展示盘里的"某人"。我就是做不到。(1955年3月26日,加州伯克利)

亲爱的最尊敬的——

我上次给您写信后,混乱的事情才真正开始。现在,我很高兴在家里待了一周。这一切都非常好,而且不知为何有很多乐趣;但再也不会有战争了!奇怪的是,我基本上最不能忍受的恰恰是政治方面——它每天都出现在公共生活中。但除此之外,事情非常顺利,对我在未来几年要做的事也有很大裨益。我有两个天赋异禀的学生:

一个来自得克萨斯州,他的父亲是当地救世军①的将军;另一个真的来自奥尔斯基夫人所谓的"黑人村",即肯尼亚,他的部落是发起茅茅运动②的部落之一。我将口头告诉您他的情况。他是赫尔德所谓的"人类新样本"的最美证明。——除此之外,我一直保持着与"邻村女孩"、俱乐部邻居和码头工人的友谊。(1955年7月1日)

我正忙于一项令人忧郁的任务——在离开之前,我必须承担布洛赫的两卷本杂文集的编辑工作并撰写引言,为了友谊我再帮最后一次忙。几个月前,我不得不为古里安做类似的事,写了一篇纪念文章。我想我没有把它发给您。您对它感兴趣吗?它仅仅是肖像画式的描写,中规中矩。不过只是对那些认识他的人而言。

对,我这次想带给您的是广袤的世界。实际上,我只

---

① 救世军(The Salvation Army)于1865年由卜维廉、卜凯瑟琳夫妇在英国伦敦成立,以军队形式作为其架构和行政方针,是以基督教作为信仰基本的国际性宗教及慈善公益组织,以街头布道、慈善活动、社会服务著称。——译注
② 茅茅运动(Mau Mau Rebellion)是20世纪50年代肯尼亚人民反对英国殖民者的武装斗争运动。——译注

关于个人生平

是在过去的几年里才开始真正爱这个世界,太晚了,其实我应该能够做到这一点。

出于感谢,我想把我的政治理论书称为《爱这个世界》。我想在这个冬天写下关于劳动的章节,芝加哥大学邀请我 4 月去演讲,这个章节就当作系列报告的主题吧。①

....

我忘了:如果这段时间内我能在您那里做一些工作,那将是非常好的。② 我可能会被要求在德国做几场报告,并将我为米兰准备的英文稿——关于极权主义、暴政和专制的政府形式——翻译成德文。(1955 年 8 月 6 日)

亲爱的最尊敬的——

这只是为了报个到,说明我还没有迷路。不幸的是,

---

① 主题是"人的身体的劳动和手的工作",该系列讲座的成果是《人的境况》一书,另见以下摘录。——编者注
② 阿伦特第三次横跨大西洋旅行时,首先去了意大利、希腊和以色列。11 月初,她留在了巴塞尔。在《思想日记》的笔记本 XXI 的第 70 页,她记录了旅行的阶段。——编者注

所附的文件①并不是一个很好的复制品。这里几乎找不到。事实上,这块墓碑是无比美丽和令人神往的:年轻的死者凝视着未知的世界,脚边是哀伤的小奴隶和哀伤的狗;然后是老人——没有在哀伤,他的身体姿态就在诉说他唯一的困惑!

比起我已经知晓的东西,这里的一切对我来说意味着更多。不能,不能从这里离去。我将缩短我在以色列的行程,在这里再待一个星期。昨天我从伯罗奔尼撒半岛回来,明天我要去提洛斯岛和希腊的岛屿世界,它们从四面八方向我招手并召唤我。您想象一下:被分隔的海洋。看似矛盾,在这里却是现实。只要有机会,我就会游泳。游泳总是给我一种在故乡的感觉。(1955 年 10 月 7 日,雅典)

今晚我们要去看《麦克白》。这里有一小群演员,他们在小剧场里表演莎士比亚,和我在世界上任何地方看

---

① 遗物中未保留,这一定是公元前 4 世纪的墓葬浮雕《父与子》(»Ilissos-Relief«)的复制品。

的莎士比亚一样精彩。他们甚至对纯粹的诗意和抒情也有很好的理解。反正在这方面,我是很惬意的。在这里等着我的还有一台留声机和精彩的唱片,我自己也经常演奏。对我来说,这真的意味着一种完全不同的生活,毕竟声音的力量是最伟大的。我还不想拥有它,也是因为对我来说诱惑总是非常大,但我认为它适合作为五十岁的生日礼物。可是海因里希说我太迂腐了,现在是拥有它的时候了,而且应该立刻买下。于是它就来了,我对待这个最奇妙的技术奇迹时总是非常温柔和谨慎。

我总是会想起您那安静的圣诞节。如果我的时间换算是对的,那么您二位现在正坐在楼上的书房里,一起阅读。我一直会想起晚上您二位待在一起时,楼上那种沉默的、完全合拍的宁静,当一个人走进房间时,他会明确感知自己步入一种宁静,而且这种宁静总是作为一种背景存在着。(1955年12月29日)

明天我将飞往芝加哥,在两个星期内做六场报告。我已经差不多整理好了草稿,当然还远远没有到付梓的程度。我将把所有这些称为《论积极生活》,主要是探讨

劳动-工作-行动的政治含义。(1956年4月7日)

我们必须谈谈柏拉图。因为信的简短，一切都变得让人误解，显然我关于权威的文章也让人误解了。在我看来，柏拉图想在《理想国》中从政治的角度"利用"他自己的理念学说，而这些学说源于完全不同的领域。我认为，海德格尔试图根据洞穴寓言来阐释和"批判"柏拉图的理念学说，这是错的，但他认为在洞穴寓言的表述中，真理被暗中转化为正确性，因此理念也被转化为标准，这是对的。我也必须承认，我对柏拉图在叙拉古的政治实验有不同的看法。我不知所措，今天它仍然有一些可笑之处。（请不要太生气！）自从苏格拉底受审以来，也就是说自从政体对哲学家进行审判以来，政治和哲学之间一直存在着冲突，我正试图追踪这一点。柏拉图反驳了，而他的话是压倒性的，以至于成了典范。苏格拉底可能也说过什么，但几乎已经被遗忘。

不，我们必须先搁置不论。我正忙于《论积极生活》。哲学和政治之间的关系对我其实更重要，而我不得不将它彻底遗忘。芝加哥的讲座课一切正常；有几个非常好

的学生,其他方面也算得上成功。我现在很喜欢写作,但观点是否正确我还不知道。(1956年7月1日)

明天早上我就要去华盛顿参加政治学会议了。[①] 我还是比较害怕这样的事情。不是因为要做报告,而是因为要见很多人,而且我事实上就无法记住所有人的名字。(1956年9月7日)

亲爱的最尊敬的——

您是对的,我害怕庆祝生日,然后我收到了您的信,这也算是庆祝了。我真正希望的是,我还是您心目中的那个我。

在五十岁之际,我所害怕的也许还有即将发生的重要变化,但肯定包括越发必要的"威望",现在我完全不知道该如何获得它。而且我也不想让自己变得可笑。(1956年10月16日)

[①] 继美国政治科学协会的年会之后,美国政治和法律哲学学会举办了第一次年会(主题:权威)。阿伦特在那里做了一次演讲。
——编者注

目前,我正以日益高涨的热情阅读《判断力批判》。康德真正的政治哲学就隐藏在其中,而不是在《实践理性批判》(Kritik der praktischen Vernunft)中。饱受谩骂的"共通感"在这里被颂扬,鉴赏力现象是判断力的基本现象——在所有贵族身上可能真的是这样——在哲学上被认真对待,这些"扩展的思维模式"也属于判断力,让人们可以站在其他人的角度思考。对可交流性的要求。这是康德年轻时在社会中的经历,在他年老时再度鲜活起来。在他的批判中,我一直最喜欢这本,我现在参照您对康德的论述阅读它,而它从没有像现在这般对我言说。(1957年8月29日,帕伦维尔①)

对于阿伦特信中的这段话,雅斯贝尔斯在1957年9月8日的信中回复道:"您已经在《判断力批判》中注意到了那些美妙的思想,对我来说,那些思想从我年轻时起就

---

① 帕伦维尔是纽约州北部卡茨基尔山地区的一个地方,布吕赫夫妇喜欢在那里避暑。——编者注

意味着不可忽视的洞察力。我真想马上和您一起开设一门研讨课,与您一道向今天的年轻人讲述所有其他的珍贵之处,以及整体上对于当今的意义。"

阿伦特的回复如下。

……研讨课将是很美妙的,探讨康德所理解的美,以这种美作为世界的世俗性的化身。而且是对每个人而言。还可以探讨康德的人性概念,它与美密切相关。只有人们能够对不能"论辩"(disputieren)之事进行"争执"(streiten)时,人性才成为可能。因为他所希望的是,人们不通过强制手段也可以说服别人,"相互达成一致"。①(1957年9月16日)

我们刚刚度过了社会剧烈动荡的一个时期。所以我在新年之际什么也没有写。我感到非常羞愧。这次的迎新聚会特别好:大张旗鼓。

其他几乎没什么要说的——除了一件事,普林斯顿

---

① Kant, *Kritik der Urteilskraft*, § 56.

大学邀请我明年春天去做一件很棒的事,我已经答应了:一学期的访问教授,有全额的教授工资,除了一学期的三次公开讲座外,没有任何义务!并且每周只有四天或三天半出勤。这一点不重要,因为那些日子海因里希本来也不在纽约。我最后几乎是绝望地问他们,他们付给我这些钱(大约六千美元,还没完全确定)是想让我干什么。答案是典型的美国式的:我们觉得请您来这儿将会是一个不错的决定。尤其是美国历史与文明系!我现在真的对它一无所知。等到了那里我们再详谈。(1958年1月17日)

这次我发现自己很难再回到工作和休息中去。[①] 所以我很久没有给您写信。普林斯顿大学的事情引发了相当愚蠢的骚动,因为某个胡闹的学生突然发现,我是第一个在普林斯顿大学以教授级别授课的女性。这名男孩通知了报社——对于接下来发生的事情,我宁愿保持沉默。其结果是,我与纽约的所有报纸都闹翻了;至少我了解

[①] 阿伦特5月到7月已经在欧洲,9月不得不再次跨越大西洋,参加在法兰克福举行的德国图书贸易和平奖颁奖礼。她说:"我想让卡尔·雅斯贝尔斯来做这件事。"——编者注

关于个人生平

到,要扼杀一个故事是不可能的,就算禁止摄影师入场,他们也会想办法获得照片。但这只是最后一根稻草。我离开了很久,有本书(《人的境况》)已经出版,反正我因为这些而陷入了一堆不必要的事。不管怎么说,这本书现在突然大卖,以至于四个月后就再版了。没有人知道原因,甚至出版商也不知道。但它带来的直接成功是一系列的演讲;既然报酬相当可观,我也不好拒绝。

我正忙于阅读美国历史,准备我在普林斯顿大学关于革命概念的讲座课。① (届时将收录在皮珀的那本书②中。)它的精彩和伟大令人叹为观止,即美国革命、共和制的建立与宪法。麦迪逊、汉密尔顿、杰斐逊、约翰·亚当斯——多么伟大的人物啊。而当人们看到今天的境况时——多么令人沮丧。(1958年11月16日)

亲爱的、亲爱的朋友们——

我在普林斯顿收到了您的电报。……天哪,莱辛

---

① 以《论革命》为题出版。——编者注
② 指从未完成的《政治学导论》,但见于遗作《何为政治?》(*Was ist Politik?*)。——编者注

文学奖①,恰好在这个时候,您正在讲授莱辛。当然,您绝对是让我自讨苦吃:《极权统治》的序言②,然后是保罗教堂③。我应该做什么?我不觉得自己能胜任这一切;我觉得头晕体虚,干脆不去想了。否则我早就写给您了。我只是不想处理这个问题。您说得很对,我是"执拗的"。可能是普林斯顿事件让我变得畏首畏尾。当然,我对"知名女性"也心生恐惧。我是否还能学会"平静地"接受这些,对我来说存疑。我安慰自己,这样的事情在我们的时代是短暂的,很快就会过去的。

更重要的是,您在研讨课上可以使用我的匈牙利手册。现在这真是一项荣誉,我一想到这个就满脸通红。美国革命……最伟大的人物也许是约翰·亚当斯。但不管怎样——这是个怎样的社会啊!就算只用它自己的标准来衡量,这个国家也已经凋敝不堪。这会儿我已经在

---
① 1959年9月28日,阿伦特被汉堡市授予莱辛文学奖。格特鲁德和卡尔·雅斯贝尔斯在1959年1月听说了这个消息,并表示祝贺。——编者注
② 指雅斯贝尔斯1955年为阿伦特的《极权统治的要素和起源》一书所写的序言。——编者注
③ 见前面关于颁奖礼的脚注。

关注法国大革命。有一些可以谈论的东西，特别是关于罗伯斯庇尔。但还是下次再说吧。(1959年1月31日)

拖延的原因应归咎于普林斯顿。正如我所想的那样，最重要的是所谓的聚会，在那里会遇到成堆的新朋友，我总是记不住他们的名字，也很难认清他们的脸。目前我对学生的印象非常粗浅，印象并不是很好。不幸的是，各方信息都让我确认了这一点。它是最后一所为培养理想型绅士——不该知晓太多——而设立的古老大学。在先进教育的压力下——这当然也影响了普林斯顿——就存在着这样的危险："不太多"一下变成了"完全没有"。实际上，这是美国首次不能忽视的阶级差异，特别是教授和学生之间的差异，教授只是雇员，而学生将成为校友，也就是大学未来的受托人。很遗憾我和学生很少打交道，即便如此，这种气氛仍然无处不在。我觉得自己应该在这里谈谈革命的概念，恰恰在此处，我这个设想有一种难以言喻的滑稽。我应该没有更好的选择了。

············

除了聚会，我在这里很好。我有一个非常漂亮的小房子，有两个大房间，都是全新的，大学为没有孩子的访问教授提供家具。我是第一个来的人，所以首次享受了这里的豪华。系主任，也就是我所谓的老板，是一位六十七岁左右的先生。他和蔼可亲，又极具影响力，刚刚来拜访我，给我送来一台地毯清扫机。这在欧洲几乎是不可能的。我们马上就一起试用了下。他在离开时承诺会再送吸尘器来。我真想现在就去找您谈一个小时，我们可以谈谈比如关于莱辛的话题。我们不得不再次等待——尽管有各种神奇的技术——直到秋天。我必须在 10 月上半月的某个时候到汉堡去领奖。我什么时候能去？何时更适合您，之前还是之后？我完全看您方便。我从 9 月中旬开始就很空。（1959 年 2 月 21 日）

普林斯顿——讲座进行得很顺利，大学出版社想要这些讲座，我正在把它们编成书，这对我来说比预期的要麻烦得多。毕竟这对我来说是一个全新的主题。（1959 年 7 月 20 日）

整个教育系统必须从根本上进行改革。例如，一位

关于个人生平

来自德国的年轻学生委员在这里访问我时曾告诉我,有些事不能再这样下去了——毕业生不知道美国国会是什么,他们脑子里有的只是无尽的数字之争。而我在普林斯顿的学生不知道奥匈帝国曾经存在过!尽管如此,他们很快就了解到这一点。海因里希目前也没什么可做,只是试图通过实验慢慢改变现状,至少先在他的学院里。打的名号是:普通人文学科。……面对这些问题,我长期以来一直试图把头埋在沙子里,但我意识到,很多事都将取决于人们如何做。最重要的是,行动可以防止我们让一切都遵循纯粹的技术。这是非常诱人的,因为即使是操作现代生活的设备并使其保持运转也变得越来越困难。(1959 年 8 月 11 日)

柏林非常令人高兴!汉堡也一样,用它自己独特的方式。① 一点也不生硬,相当不拘于传统,这位参议员无

---

① 阿伦特从汉堡(获得莱辛奖)前往柏林,解决"赔偿问题"。她的要求到 1971 年才被成功执行——在联邦宪法法院于 1971 年 11 月 4 日做出裁决后,也被称为"阿伦特法案"。海因里希·布吕赫已经在 1962 年收到了他的赔偿金(见 1962 年 2 月 19 日阿伦特给雅斯贝尔斯的信)。——编者注

比令人触动。但是柏林：再次成为一体，或者在愈合的过程中。又是一个大城市，在许多方面比以前更漂亮。很难想象这里会发生什么。但许多事都已经是我们无法想象的了。我喜欢待在这里，有家的感觉，跟当局打交道的时候也是这样。我还去了东部地区，现在非常容易，没有任何问题。东边的人也一直待在这里，特别是在剧院和歌剧院里，他们可以用自己的货币付款，这样他们就不会负担不起。一切都非常合理，而且很舒适。我在街上磨洋工，根本不工作，而且非常彻底地享受着慵懒。（1959年10月3日，柏林）

我离开您那里①之后去看望了（玛丽安娜）文特，她大约十四天后就去世了。贫血，这可能还算是一个相当仁慈的结局。她还是非常高兴的，但我的确去得太晚了。她已经没什么意识了，或者只有几秒钟的清醒。这些药物，可能主要是荷尔蒙注射，当然还有吗啡，创造了一种

---

① 1959年10月底，从意大利回来的阿伦特在巴塞尔拜访了雅斯贝尔斯夫妇。——编者注

回光返照。而人们习惯的最后阶段的身体恶化在她身上并没有那么明显。这是不可思议的。我仍然能够每天带她离开医院;我们和她的亲戚在陶努斯度过了一个晚上。而这就造成了生者和垂死者之间的隔阂,那就是人们必须撒谎和演戏。我也撒谎和演戏了,虽然只有几次,但我这样做时并没有觉得舒服。

然后我途经科隆和布鲁塞尔回家。科隆的天气相当不错。我在胡塞尔档案馆发表了演讲,大厅里人头攒动、拥挤不堪。但我这次在德国并没有真正感到舒服。在法兰克福,一位相当聪明的同龄女士对我说:这就像再次在沼泽上行走。恐怕这太真实了。我们谈到了德国官方(波恩、大学、广播、报纸等)和人民之间的深渊。这些所谓的人民尽管享受着最疯狂的繁荣,但深感不满,幸灾乐祸,暗自希望一切都出问题,哪怕会造成损害。他们对一切都充满了怨恨,尤其是对所谓的西方和民主。一切都很沉闷,没有动静,没有凝固,但这种氛围令人憎恶。

我从机场回家时,两个十三岁的黑人小男孩在走廊上抢走了我的手提包。损失不大,因为里面没有文件,我也买了充足的保险。但我决定把这当作上天的启示,先找个别的房子。而为了让海因里希明白我的决定是严肃的,我第一次看房时带上了他,这其实只是心理上的。从房子里出来时,我们已经决定立即搬进去。这真的很有趣。海因里希提出了一系列在我看来不可能的要求,然后我也提了要求。我把他拉到身边,让他真真切切地看到,这样做是不行的。看吧——一切都像设定好的一样。两间工作室都能看到奇特的美丽河景。这里很安静,既听不到街道的喧闹,也听不到邻居的动静。四个布局很棒的大房间和一个小房间。厨房非常漂亮,还有贮藏室。大量的存储空间。几个巨大的壁橱,有几个真的可以走进去。这所房子的管理非常好,白天和晚上都有门卫。可以说,现在这里不得不花钱请私人警察,因为城市警察已经不能处理好青少年犯罪的问题。价格与我们设想的最高价一样,对我们所拥有的东西来说这不算太贵。所有"设备"——厨房灶台、冰柜、洗碗机、浴缸等都是全新的。还有两个完整的浴室和一个带浴盆的卫生间。

关于个人生平

搬家①还不算太糟,因为我们这个月付着两套房子的租金,我们无论如何要到1月1日才能退租。搬家当天,一切都安排得很好(您看,我在自夸!),晚上我就和一个帮忙的朋友去看电影了,因为所有事情确实都安排妥当了。不过我们已经提前完成了图书馆和书架的布置。我有很多帮手,但我其实并没有省什么钱。既然都这样了,那就这样吧。也没我想的那么贵。现在我们平静地坐着,我也已经开始重新工作。新年聚会跟平常一样,只是人比以往更多。消息传开了,人们不再等待我邀请他们,而是直接打电话给我,问我他们是否也能来参加。我能做什么呢?到场的有六十多个人,但我和我的清洁女工埃斯特收拾得相当好。早上七点,我们像往常一样躺在床上,公寓看起来就像什么都没发生过一样。

维尔茨堡②:您怎么知道的?难道上报纸了吗?这事儿发生在搬家过程中,我很快就全忘了。(这事请别外

---

① 从晨边大道130号到河滨大道370号。这两个公寓都位于曼哈顿上西区,相距不远。阿伦特在新公寓里一直住到她生命的最后一刻。她于1975年12月4日在那里去世。——编者注

② 指维尔茨堡大学聘请阿伦特。

传!)所以我耽搁了一阵子才拒绝。我满脑子都是窗帘和新地毯,甚至忘了告诉海因里希这件事。您看,我真是"配不上"。

但有件事可能会让您的丈夫高兴。去年,我因为对黑人问题和平等的异端观点在这里引发了很大的争执,我告诉您丈夫了。我说,我相信没有一个美国朋友同意我的观点,而他们中的很多人真的很生气。现在,一个美国基金会突然给我颁发了三百美元的奖金,就因为这篇文章。在这个国家,这种事是非常典型的。这让我想起战争时期的一个故事。纽约的高中给所有高年级学生布置了一个任务,让他们想想应该如何惩罚希特勒。一个黑人女孩写道:给他换上黑皮肤,强迫他在美国生活。这个女孩获得了一等奖和四年大学奖学金!(1960年1月3日,致格特鲁德·雅斯贝尔斯)

我正在翻译《人的境况》,应该在4月前完成,也许在5月初就能真正完成。我时不时开车到全国各地,更多是坐飞机,用一场演讲换取几美金。但现在,我只在真正值得的时候才出行。另外,我正在取消夏季所有的赴欧

关于个人生平

邀请(总共三个,也就是说只算那些有报酬的旅行)。我这一年再也不能四处奔波了,否则我的七件事永远也完成不了。再说,让海因里希一个人待着也不是那么容易的。他对这种状态没那么喜欢了。不知何故,我们都想在年底或 1961 年初去拜访您,也就是说,如果海因里希有可能请一学期的假。那么他从 6 月到明年 2 月都放假。即便我很清楚,他必须利用这段时间来工作,这也已经很不容易了。(1960 年 2 月 29 日)

我的懒散:除了巡回报告和随之而来的来回奔波,十天前,一位非常要好的美国女友[1]突然来到我家,她正遭遇离婚和婚姻的困扰;她暂时住在我们家,一切都没什么不妥;但我们这里已经笼罩着某种不安的气氛,偏偏我还约好了要做报告,这种不安更加强烈。这样肯定就会有点磨磨蹭蹭了!(1960 年 3 月 25 日)

---

[1] 即玛丽·麦卡锡。(另见阿伦特和麦卡锡在麦卡锡与鲍登·布罗德沃特离婚、与詹姆斯·R. 韦斯特结婚期间的信件往来。——编者注)

现在我想快速跟您汇报一下,虽然没有太多需要分享的内容。感谢上帝,大约两星期前,我终于从《人的境况》的翻译工作中解脱了;那真是一种折磨,当然现在我又很难再回到英语状态中。我的美国女友一直待到4月底。整个事情很奇妙,部分是非常美国式的故事,部分是更年期的样子,您也好心地着重提醒我了,而我并不能很好地理解这种极度恐慌,还有别的。这件事让我有点痛苦,因为我非常喜欢她,也非常担心她。但我能做什么呢——除了敞开大门?现在她在罗马,正处于相当不幸的境地。

在这期间和之后,我不得不做出一些决定,这对我来说也不容易。总之,明年春天我将去西北大学(位于伊利诺伊州埃文斯顿)待两个月,明年秋天我将去维思大学(位于康涅狄格州米德镇)待一个学期,那里刚刚开设了一个类似高级研究院的学院。我做这两件事基本上都是为了钱。您知道这里的养老金是怎么规定的;我必须存点钱,而这两件事相对来说工作量很小,报酬却很高。我一点也不担心秋季学期,因为我可以随时回家过周末,那里离得很近。而春天的两个月,我不得不一直离开家。

关于个人生平

(1960年6月20日)

海因里希写到了我的混乱。我咎由自取,我还不确定是否能饮下这碗苦汤。我想去以色列参加艾希曼审判①,《纽约客》——一本在这里非常知名的杂志——已经同意派我去。不幸的是,没有人知道审判什么时候开始,会持续多长时间;而我已经承诺在4月到5月去一所大学。更不用说所有其他的承诺。(1960年10月4日)

我们花了近二十四个小时在电视上观看总统选举。我们都很欣慰,是肯尼迪当选——大约半个百分点险胜!我认为这里还从没有发生过类似的事。事情会发生显著的变化;是尼克松的话当然也很可能有变化,但原则上不会变。他是一个不同的人,我从各方面观察了他几个星期,现在我只能说,他确实给我留下了深刻的印象。投票

---

① 对阿道夫·艾希曼的审判从1961年4月11日持续到8月14日,并在12月11日和12日做出判决。阿伦特参加了开庭,并在耶路撒冷待了三个星期,6月再次回来待了几天(17—23日)。她作为审判记者的工作成果是她的《艾希曼在耶路撒冷》一书。——编者注

率非常高。下午,我们的投票站所在的街道上简直是黑压压一片。投票率约为百分之九十!除了少数例外,竞选中几乎没有互相谩骂的情况,失败者和获胜者依照惯例互致的贺电也特别亲切。只有艾森豪威尔真的很反感,这不能怪他,因为他现在已经慢慢陷入妄想,认为他只需要向美国人民推荐一个他自己挑选的人、"他的孩子"(his boy),美国人民就一定会听命。这甚至不是衰老,这只是与生俱来的蠢笨。电视发挥了惊人的作用。尼克松是一个伪君子,这家伙是个只关心自己事业的撒谎精,这对我们来说一直很明显,而通过四次电视辩论,非常多的人也看清了这一点。人类的普遍素质最终在所谓的独立选民身上得到贯彻。顺便说一句,这么多选民在投票时再次摆脱政党影响,其数量多得令人难以置信,也是一个好现象。肯尼迪在一些州以多数票获胜,这些州随后在同一次选举中很和平地选出了共和党的国会议员或参议员。反之亦然。肯尼迪最终成功了,他只领先这么点,令人难以置信,也让人感到非常舒适。这至少可以帮助抑制一下某种与生俱来的傲慢。此外,这个结果对阿登纳来说应该不是太有利。另一代人正在迈步走来,这一事实也将产生国际影响。而且肯尼迪是哈佛大学的毕业生,是知识分子那一类的,他自然更亲近美国的圈子,这些圈子在精神生活和学术生活中具有决定性意义,因此以英国和法国为导向,而不会向德国看齐。(1960年11月9日)

亲爱的最尊敬的!

您从一开始就对艾希曼的审判持保留意见,现在审判把我们所有的计划都打乱了,也不知道是幸运还是不幸。……我这里的情况是这样的,我必须完全以审判为准。如果它真的在3月6日开始,我必须从这里直飞。但如果它再次推迟,这是很有可能的,我会途经苏黎世,先飞到巴塞尔。然后我继续前往目的地。不知道这个过程需要多长时间;我应该不可能花一个多月的时间去"消遣"。如果审判要到4月才进行,我可能不会飞回美国,而是在欧洲等待海因里希。

如果这一切听起来很混乱,一半是因为我很难过这么久没见到您,一半是因为我很惭愧在客观上陷入混乱。因为我肯定要取消各方面的安排,重新约时间,等等。这是相当令人厌恶的。

然而,我亲爱的最尊敬的朋友,如果我不前去旁听,不亲眼去看看这场灾难在现实中的所有不可思议的虚无,不能在间隙发送几篇报道,那我永远不会原谅自己。请您不要忘记,我很早就离开了德国,我基本上没有机会直接看到这些事。(1960年12月2日)

这里仍然非常有趣,有时令人印象非常深刻,经常相当可怕。我看到的人比平时多。昨天,我和外交部部长戈尔达·梅尔长谈到深夜。在那之前是和司法部部长(平哈斯·F.)罗森,我一个朋友的兄弟。还有首席法官(摩西)兰道(但不要外传,因为原则上他不与媒体见面)。伟大的家伙!谦虚,聪明,非常开放,对美国极为了解,您也会喜欢他的。他是最优秀的德国犹太人。布卢门菲尔德向他引荐了我。

我刚刚从大学组织的午餐会上回来。我将在两门研讨课上发言,还将再次与一组选拔出来的学生见面。这当然让我很高兴。这个周末我要和家人们出门环游;我需要出去走走。我已经非常期待我们的谈话,尽管我身

关于个人生平

处各种恐怖中,我总是一次又一次地想到,世上还有您在,我可以去找您。然后我马上就完全平静下来。(1961年4月25日,耶路撒冷)

关于德国,我有很多事情要告诉您,但目前我没心情。我有很多机会与学生交谈和讨论。唯一的希望仍然是欧洲的联邦,不管这个欧洲一开始有多小,它都是一个会扩展的联邦,哈林顿用这个美妙的表述形容欧洲,而其他人以后可以加入这个联邦,并享有平等的权利。年轻人往往很高兴,但他们到底应该怎么做?从德国的角度来看,只有两件事是重要的——接受自己对两个德国的立场并承认奥德河-尼斯河线①。然后一切都会重新运转起来,我们也可以用完全不同的方式来谈论柏林。阿登纳不愿意这样做已经很糟糕了,但更糟糕的是,社民党也不愿意接这块烫手山芋。(1961年6月9日,慕尼黑②)

---

① 德国与波兰的边界线。——译注
② 阿伦特在两次逗留耶路撒冷之间一直在慕尼黑从事《论革命》一书的翻译工作,她在书中引用了詹姆斯·哈林顿的"'一个在增长上叠加出的联邦'的联邦原则"(德语版第212页)。——编者注

最亲爱的朋友们——

海因里希病得很重,所以我没跟您二位通信。他先是得了严重的流感,一定是从我这里传染上的,之后他突然回家,他头疼得厉害,仍然坚持在巴德大学做了整整一星期的讲座和研讨。后来他的病情恶化,起初医生完全不知道是什么原因(怀疑是肿瘤),在诊所的检查中终于发现了一个先天性动脉瘤,他在四十年前被击中头部时可能已经有了。他还在诊所里,那是全国最好的诊所之一,我已经想办法让神经科主任亲自给他评估和治疗。实际上他情况很好,反正没有实际症状,没有任何形式的瘫痪,只有左手有麻痹感,现在已经消失了。病情的好转与治疗无关;对医生来说,病情的好转就像最初的恶化一样突然,出乎意料。(最重要的是一直在睡觉!)……

自从他半回归正常以来,他自己完全没有受到影响。当然,我告诉了他全部真相,只是为了让他明白,他真的要遵循常规,躺上三个星期,不能就这样回到巴德。我还告诉他,死亡率高达百分之五十——他则回答说:不要生气,别忘了另外百分之五十的人。我们至少让他对疾病有了一点认识。这对友善的犹太医生来说是迫切需要的,也是很难实现的,因为他们通常要和更为敏感的人打交道。

....

我从本周开始回到这里,但周末会定期去纽约。……反正我现在在那里也做不了什么,他也不需要安慰。他有自己的房间,可以阅读,与医生交谈,并对神经病学很着迷。此外,护士们都很友好,也很漂亮,他很开心。(1961年11月1日,米德尔顿,维思大学)

亲爱的、亲爱的朋友们——

我刚刚写下日期,您二位写给海因里希的美好长信就到了,他能读懂,根本不需要任何帮助。他将亲自回信。他的情况非常好,医生已经让他出院,我们已经多次饮酒庆祝了。一开始他还是比平时更容易疲倦,但在过去几周里,这种情况已经完全消失了。现在他正在度假,直到2月中旬,这也让我的心情很舒畅。(1961年12月30日)

一辆货车撞上了我的出租车,这起事故导致整个交通被封锁了数小时。[1] 我没有目睹,因为我在看书,我立刻就失去了知觉!因为我被撞得脑震荡,头部多处受伤,但头骨没骨折,鼻梁和下巴也没骨折。我的整张脸现在又很像样了,原来多少有点瘀青。此外,我还断了九根肋骨,手腕断裂——但并不影响我打字,我现在就在尝试呢。我被直接送到了一位果断的年轻外科医生手上,他马上就认定——看起来很糟糕,但可能没什么事。而且他是对的。我不得不输血,不过第二次让我输血时,我们觉得没必要。我更愿意吃牛排。有一只眼睛原本受损相当严重,但显然只是外观上。我已经可以像以前一样看和阅读。没有脑出血,也没有内出血。此外还有擦伤,并不严重。疼痛一直还能忍受,我只在两个晚上服用了可待因。第三天我从床上爬起来,看看自己能不能站立,我成功了,既不头晕也不虚弱,医生让我小心翼翼地站起身。在那之后,一切都很好——没有任何并发症,而且愈

---

[1] 这起事故发生于1962年3月19日,在一条穿过纽约中央公园的路上。——编者注

合过程快得惊人,连我那位果断的医生都觉得不可思议。昨天上午他们放我出院了,否则我肯定会自己出逃。这家诊所医术非常高,但在行政管理上,就护士而言,就是一个普通的猪圈,此外费用也高得离谱。家里有我的好埃斯特,她为我做家务——在最坏的情况下,我也能自己做。但我还不应该活动。我也非常理智。我还没有工作,我散步,看书,计划去看电影,让自己安安静静地休整一周。

就永久性损害而言,我当然主要担心我的外表。起初,我看起来像一个失败的毕加索。但现在已经过去了。我只穿彩虹般绚丽的衣服,而且因为头上的伤口(缝了三十针)和剃掉一半的头发,我必须戴上头巾。我的额头上也留了一块疤,一只眼睛上方还有一个小疤痕。我出门时会戴上黑纱,假装是阿拉伯人或深藏不露的女士。我还掉了一颗牙,也不是什么好事。一切可能都会在几周内或多或少地恢复正常。视网膜脱落和其他情况还是有可能发生,但可能性不大。

我之前让您担心了,所以我写得如此详细,以让您宽心。我写得也很轻率,因为能活下来基本上已经让我心满意足了。在第一个月,当我从昏迷中醒来并很快意识到发生什么时,有那么一瞬间,我好像已经握住了死亡。我其实很平静,死亡对我来说似乎很自然,根本不是什么悲剧,也不是什么值得难过的事。但同时我对自己说,如果有可能的话,我想留在这个世界上。于是我试着活动四肢,发现我并没有瘫痪。然后我就很平静地安排一切。我没说海因里希的地址,这样警察就不会通知他。我给贝拉特夫人打了电话,我能背出她的电话,然后让她取消所有的约会。就这样。(1962年3月31日)

现在,我想快速说一下我的计划。我本来要在秋天去芝加哥待两个星期,因为这次事故我不得不取消。之后,我将像去年一样,到维思大学工作一学期。我也接受了非常多的报告邀约,尽管只是在周边地区,因而我对工作计划有些担心。海因里希在春季有一次休假,只有一个学期,但这仍然给了他大约九个月的假期。我们计划2月去欧洲,首先是巴塞尔,然后去西西里和希腊旅行。我几乎不敢说出来,以免出岔子。到那时,我不仅要写完《艾希曼》,还要把《革命》翻译成德语,并完成英文版的校

关于个人生平

对。我非常希望能放下工作彻底休息一下,尽管我不能否认,我喜欢艾希曼的故事。如果我可以在这里一直坐到秋天,不用接电话,不用干家务,那一切肯定都会很容易。但情况并非如此。(1962年7月或8月,帕伦维尔)

我已经在这里待了两周,就像去年一样。再之前的两个星期我在芝加哥,我在那里做了四次报告,每次两小时,内容都来自《革命》手稿,效果真是惊人地成功。现在我已经看完了校对稿,正在写《艾希曼》的最后一章。同时,我还开设了一门关于《尼各马可伦理学》①的研讨课,这些年轻人非常友善,而且头脑清醒。要做的事情很多,但实际上我很享受这一切,而且我不容易疲倦。也总有一些德国学生,他们比其他国家的人同化得更快,所以您从来没有真正了解他们。(1962年10月29日,米德尔顿,维思大学)

我19日从这里启程,20日到巴塞尔,但到21日我才

---

① 《尼各马可伦理学》是亚里士多德的伦理学著作。——译注

能恢复一半的元气,因为这个晚上我得激烈地批判自我。我不喜欢这样。说到住宿,我提议这次住酒店。我担心我的故事会让您家里不得安宁。我必须打电话,也要接电话——在这种情况下,这完全是多余的负担。我可以来和您一起工作,我任何时候都可以。《纽约客》,这个既伟大又疯狂的财大气粗的杂志社,很有可能紧急打电话给我,询问是否可以改一个逗号。如果我不在酒店,那我就是出门了,联系不上。那么逗号就不会被更改,世界也不会灭亡。我给欧拉旅馆写了信,请求给我留一间房。

还有其他日程:3月6日,我在科隆有一个电台采访,他们将支付我的旅行费用。[①] 我也得准备一下。之后就没事了……海因里希已经决定3月23日才动身;他忙于工作,他更喜欢这样。他乘船沿着美丽的南线直接前往雅典。4月5日,我在那不勒斯登上他的船。我们要到5月底6月初才能回到"北方"——在希腊待四周,

---

① 西德广播电视一台(WDR)组织了此次讨论(主办者是洛兰特·维根施泰因),主题是"民族主义——民主的元素?与汉娜·阿伦特和尤金·科贡商榷",于7月11日播出。——编者注

在西西里岛待两周,然后在意大利待两周左右。我们的船于6月29日从法国南部返程,我们也打算在那里逗留一段时间。(1963年2月8日)

我们一个星期前到达这里,在午夜抵达佩特雷。不知为何我得到了村里咖啡馆老板的庇护,他高大健壮,皮肤黝黑,是个长相俊美的家伙——那里的旅馆都住满了。紧接着,我们在满月下坐了四个小时的马车,沿着科林斯湾到雅典。这次旅程美得令人难以置信。从那时起,我们就不断地从一处宏伟之地走向另一处壮观之地,但并不十分吃力,只是有点肌肉酸痛。昨天我们到了埃伊纳,那里的山巅坐落着一座神庙,可以俯瞰全岛的景色,这也许是最美的。我们刚刚决定,在离开之前再去一次。更大的游览活动从下周开始,但我们决定在希腊多待一周,5月10日再离开。这将意味着在西西里岛和意大利的时间会减少几天。……

我们受到了特别好的接待。宽敞的房间令人非常愉快,休息室也非常好,从来没人在里面,房子维护得不错,有一流的德语和法语图书馆,这里的人都受过教育,能讲法语和英语,和他们打交道非常舒服。

《革命》得到了很好的讨论,我给您二位附上《纽约时报》的评论,很奇怪的是,它在重印的第一天就出现了。另外,最高法院大法官之一威廉·道格拉斯在《华盛顿邮报》上评论说这是"一部经典的论著"。这对我来说很重要,因为尽管我苦心钻研美国的体制——都可以追溯到革命——但我一直都不太确定。我的阐释经常很独特。

下周我们要去克里特岛——但海因里希不去,他不太喜欢这种文化,不想脱离纯希腊环境。所以我们(洛特·贝拉特和我)把他留在雅典的博物馆里,希望他能在我们回来时跟我们讲解每一个花瓶。我们去三天,有几个朋友在那里有车。

我不时掐掐自己,让自己相信这一切都是真的,我们真的在这里。我们晚上在床上看报纸,其他时候我们根本不看书,可以说只看导游手册。简而言之,我们过着诸神的"轻松生活"。(1963 年 4 月 14 日,雅典)

纽约的公寓简直堆满了各种未开封和未转发的邮

关于个人生平

件。几乎都是关于艾希曼的故事。① 许多信件很有趣,其中一些让我充分了解了犹太人圈子为什么非常激动,这种反应本身就很难理解。这件事非常简单,我本应该知道。不知不觉,我已经触及那段无法克服的过去中涉及犹太人的部分:在世界各地,尤其是在以色列,曾经的犹太裔委员②仍然担任高级甚至最高职位。更糟糕的是,我在报告中提到的卡斯特纳案比我所知的还要严重:鲁道夫·卡斯特纳在以色列担任高级官员,他被一名记者指控曾与纳粹合作,他起诉该记者诽谤。在一审中,哈雷维(后来艾希曼审判中的三名法官之一)宣布,曾与艾希曼密切合作的卡斯特纳"把自己的灵魂卖给了魔鬼",并宣告诽谤罪不成立。卡斯特纳随后进入了更高级别的二审,据说他宣称,如果他在那里得不到满足,他将"全部坦白",即这段时间与(巴勒斯坦)犹太事务局和巴勒斯坦

---

① 从1963年2月16日开始,《纽约客》分五期刊登了阿伦特的《在逃记者:艾希曼在耶路撒冷》(»A Reporter at Large: Eichmann in Jerusalem«)。她得知激烈的反应仍在欧洲旅行:5月29日,她从罗马给雅斯贝尔斯写信时提道,"《艾希曼》引发了巨大的喧嚣"。——编者注
② 犹太委员会的成员;犹太居民委员会:第三帝国时期由纳粹当局任命的犹太社区的领导。

265

政党领导人的联系。然后他被谋杀了,但不是像我假设的那样被匈牙利的幸存者谋杀,而很显然是被以色列的特工部门谋杀的,起码人们都这么说。简而言之,我们的状况与德国非常相似,只是如果可能的话,接触这些比在德国更危险。这里针对我的运动都是最低水平的、纯粹的诽谤——普遍与我事实上所写的内容完全相反——这场运动仍在高速进行。犹太报纸声称,总检察长豪斯纳在政府的授意下来到美国,推动此事的发展。目前,有三四个大型组织正忙着统率一批"科学"助理和秘书团,以证明我是错的。目睹这一切对我启发相当大,人们可以看到,通过操纵观点能达到什么目的,以及很多智力较高的人也可以被操纵。其实有许多犹太人完全坚持自己的观点,但事情已经发展到这一步(拉比在讲坛上布道),以至于有一位朋友说,这就像德雷福斯事件①时期一样,大家庭整个分裂了!我简直错愕,当然我从来没有想到会有这样的事,我也意识到这是非常危险的。(人们千方百

---

① 1894年,法国情报处在德国驻巴黎大使馆安插密探,由此得知有一位法国军官背叛了祖国。尽管没有确凿的证据,但参谋部的实习军官德雷福斯成为怀疑对象,因为他是唯一的犹太人。德雷福斯被判处流放,后因真相大白而恢复声誉。——译注

计地想毁掉我的名誉。他们花了几周时间,试图在我的生活中挑错,最终放弃了。而他们正在尝试另一个角度。)早知如此,我可能也会做同样的事。而且从长远来看,清除一下犹太人独有的乌烟瘴气也许是有益的。(1963年7月20日)

在过去两个月里,我们又有了您所说的"美好生活"。海因里希的所有检查结果都是阴性。……抑郁情绪实际上也过去了。当然,我不能长时间离家。但我该怎么做呢?芝加哥把一切都给我安排好了,我怎么能马上又离岗呢?[1] 更不用说所有财务方面的考量。耶鲁还没有给我进一步的消息;他们肯定也不会一直等着。如果我在这里能拥有我在芝加哥的东西,如果学生们不是在芝加哥等着我,那所有的问题都会迎刃而解。在此期间,我在芝加哥的所谓老板(系主任,即院长)已经来过这里,见到了海因里希,并立即与他成了朋友。但这根本没有让事

---

[1] 1962年底,阿伦特接受了芝加哥大学(社会思想委员会)为期五年的兼职教授职位;1963年/1964年冬季学期她第一次授课。——编者注

情变得简单。总的来说,今天我和海因里希一起得出结论:虽然攻击有可能摧毁一个人(实际上没那么糟糕),应允却能积极地摧毁一个人。这个国家太大了。(1964年2月19日)

我想我们会在这里待到8月中旬(15日左右),如果城市里热得让人受不了,那就再做打算。海因里希过得很好。我们的生活很美妙,白天工作,晚上散步,然后回到村里的旅店,在那里安安静静地喝上一杯。我们和店主很熟,当地人(不是游客)都会来。村里的年轻人到那里跳舞,他(旅店老板)在这些女孩小时候就认识她们,他们一起跳舞;如果有人行为不端(例如传播村里的闲话),无论老少,都会被他一拳打在鼻子上。为了弥补,他会与女士们跳舞或请客。所以他对村里的风俗习惯有真正的影响。在所有的疯狂中,这是好事。(1964年7月23日,帕伦维尔)

亲爱的最尊敬的!

在这里迎接我的第一件东西就是您的信,它点亮了

关于个人生平

我最初的几天和几周。我没有(或者说还没有)收到与高斯的访谈,天知道为什么。您喜欢它,那我就放心了;我的印象是,我说得太随性了,因为我很喜欢高斯。但总的来说,我几乎不认为我在德国的活动①能带来多少改变。……

在这里,职业遭受着威胁,有可能退化为工作,这当然也是我还没有写作的原因。您关于我和哲学的评论让我放声大笑。因为我在这里想要什么、说什么,对我完全没有用处。哲学系的学生来找我,他们中的一些人试图加入我们,用美国式的坦诚向我解释,他们想在我这里研究和学习什么——就是这样。我没法把他们顺利送回哲学系,因为他们就是从那里来的。所以我坐在那里教《纯粹理性批判》(*Kritik der reinen Vernunft*)。我刚刚承诺,明年春天的四个星期,当我待在这里时,我会教授一些关于斯宾诺莎的内容。除了我宣布的讲座课,我目前在这儿还得开设康德研讨课和一门柏拉图研讨课(《高尔吉亚篇》)。这绝对不是大学的错!我可以说"不",但这

---

① 值《艾希曼》在德国出版之际,皮珀出版社在法兰克福书展上组织了一次新闻发布会。——编者注

在事实上当然是不可能的,只要我还能胜任。而这种急切的心情绝对令人触动,让人鼓舞。学生们相当优秀,讨论的水平也很不错。(1964年10月25日,芝加哥)

我为了讲座要做许多事,我必须自己写。关于"道德"问题——这延续了我去年从康德那里学到的东西,或者说我认为自己学到的。但比起我的学生来,我对此更感兴趣。下周巴德要开学了,海因里希要过去。他的情况非常好,他对此非常期待。我有点担心他承担的事务太多了,但像往常一样,我对此无能为力。总之,他的状态很好。

....

我还有什么事儿要叨扰您二位?我不喜欢讲座。无论我走到哪里,大厅都挤满了人。我讨厌这样。参加社交活动时,我就被盖了戳儿——出名了!一切都会恢复正常的,但目前这很令人厌恶!我觉得自己就像一只动物,所有的入口都被关闭了——我不能再献出自我,因为没有人把我当成我自己;所有人都知道。只有出口保持开放,所以我哪儿也没去,也没有立即离开。所有的乐趣都消失了。犹太神学院①院长一点也不傻,他对我的一个女友说过的话真的应验了——"这些傻瓜让她出名了"。这是一个笑话,但它可以让一个人笑不出来。(1965年2月19日)

我对风湿病有一些了解,但从来没有亲身经历过。两年来,我的右肩完全不能动,我曾自学了所有可能的技巧,因此人们都不会注意到这一点。然后,在一个美好的日子里,它就这样消失了。没有人知道为什么或怎么回事。如果它如此困扰您——当然手是特别糟糕的——有没有考虑过可的松?我从来没有用过,但它应该是有帮助的。(1965年4月)

最亲爱的朋友们——
这几乎不值一提——感谢上帝。我们今天预订了回程船票——9月7日从鹿特丹出发,我们想先在那里待

---

① 拉比学院1886年在纽约成立,时任院长是路易斯·芬克尔施泰因(1895—1991)。

几天看看荷兰,海因里希不了解荷兰。由于埃尔娜①8月8日才回来,我觉得我们应该等到15日之后再去,以便让您二位休息一下,恢复正常。也许我会提前几天去。海因里希当然想再去看看他的朋友罗伯特(吉尔伯特),可能还会让他的第一任妻子、为人非常友善的娜塔莎②从巴黎来苏黎世。而我则希望看到玛丽(麦卡锡),她8月在意大利,要么她来苏黎世,要么我去意大利。感谢上帝,8月没有什么事发生,所以也没有什么事情影响我。(1965年5月28日)

我周一逃离了纽约愚蠢的高温,搬到了我们的度假屋。海因里希还在工作,他昨晚从巴德赶到这里过周末,疲惫不堪,有些脱水。这里很凉爽,夏天很美好。我们去散步,我还游了泳。遗憾的是,海因里希必须回学院待两周。此刻他已经消失在树林里了,而这封信必须送达邮

---

① 埃尔娜·莫尔勒,格特鲁德和卡尔·雅斯贝尔斯的女仆。——编者注
② 娜塔莉·耶夫罗伊金是海因里希·布吕赫的第二任妻子,阿伦特是他的第三任妻子。

局,否则要到周一才能发出。(1965 年 6 月 11 日,帕伦维尔)

最亲爱的朋友们——

谢谢来信,它们听起来很让人放心。明天早上我就要回纽约了,在那里我几乎没有时间写作。同时,皮珀出版社通过一个所谓的"工作人员"说服我,在科隆的广播电台与卡洛·施密德谈论革命。[①] 如果他们不马上把我关起来——这不太可能——我想从那里直飞意大利,待三天左右,去见玛丽(麦卡锡)。海因里希不想同去,他更愿意去苏黎世。所以我今天写这封信只是为了约定日期。

…………

这次在皮珀没什么进展,所以我必须在欧洲校对《革命》一书。基本上没什么坏处。

我把两个讲座改写成了长篇论文,在这里我总是可以有极高效率。很遗憾,是用英语写的,我有点迟疑,不

---

① 关于"革命的权利"这一主题的谈话是 1965 年 10 月 19 日在西德广播电视一台录制的。——编者注

想苛求您阅读。一篇是关于真相与政治的,实际上是受艾希曼这麻烦事的启发:人们是否应该、是否被允许在政治中直接说出真相?第二篇是关于布莱希特的①,实际上是关于我们的长期争论:好的诗句就是好的诗句。
(1965年7月25日,帕伦维尔)

此外还有一些令人悲伤的消息:我们的好朋友、美国诗人贾雷尔②自杀了。他是我从未见过的童话般的人物,他的敏感细腻无以言表,同时又很聪明幽默。他没有办法再应付生活了。我最后一次见他是2月,当时我在他教书的大学里做了一次讲座,他向听众介绍我的方式迷人又诙谐,令人难以置信。(罗伯特)洛威尔明天会来,他可能是这里目前最好的诗人,他会告诉我详情。我对英语诗歌的理解归功于贾雷尔,几年前,他给我读了几个小时的诗——不是他的作品,而是"经典"。洛威尔和贾

---

① 该文后来被收录在《黑暗时代的人们》一书中。
② 兰德尔·贾雷尔(1914—1965),美国诗人,早期以写战争诗著称,后来的作品主要关于孤独与死亡。其好友洛威尔称他为"这一代中最令人心碎的诗人"。——译注

关于个人生平

雷尔是密友,他们二人都非常豁达。二十年前,我从贾雷尔那里第一次听到洛威尔的名字,当时贾雷尔已经声名大噪。贾雷尔总是说:请相信我,那才是美国真正的诗人,不是我。

今天报纸上说,(保罗)蒂利希心脏病发作去世了。他从来没有真正接近过我,但现在我很难过,因为"羊腿"(我们对他的昵称)将不再出现,痛饮红酒,然后怀着轻松愉悦的心情跌跌撞撞地回家。他基本上是愚蠢的,没有任何判断力,但怪异的是,这与真正的"基督教精神"联系在一起。这么多年来,我从未听到他说任何人的坏话,甚至是他的敌人。

但也有许多我们必须感恩的事。海因里希的一位同事泰德·魏斯是这里的著名诗人,他刚刚又出版了一本诗集,其中最美的两首诗不仅是献给海因里希的,而且描绘了他——他如何言谈,他是怎样的人,如何影响别人,如何应对外语。[①] 我也得到了一首很美的诗——关于我

---

① Theodore R. Weiss, » Two for Heinrich Bluecher: A Satyr's Hide «, in ders., *The Medium: Poems*, New York: Macmillan, 1965, S. 50 – 54.

的思考方式。[1] 关于海因里希的诗相当有见地,简直令人难以置信。顺便说一句,贾雷尔几年前出版了一本非常有趣的小小说,讲述了这里的一所大学,海因里希和我也得以在小说中永生,当然用的是化名。[2] 我经常想:我们在这里基本上算是很奇怪的动物,而人们接待我们时是多么开放,多么热情,多么怀有善意,他们试图来理解我们,不让我们觉得陌生。(1965年10月23日)

除了康奈尔[3]和来回飞行,我还在做一些有趣的事——也许我已经说过了。我是用英语而不是拉丁语重写《奥古斯丁》[4],而且我的方式是,让没有学过哲学速记的人也能理解。这很奇怪:一方面,这论文是很久以前

---

[1] Theodore R. Weiss, »The Web: for Hannah Arendt«, in ders., *The Medium*, S. 40–41.
[2] Randall Jarrell, *Pictures from an Institution: A Comedy*, Chicago: University of Chicago Press, 1954.
[3] 1965年/1966年冬季学期,阿伦特在纽约伊萨卡的康奈尔大学任教。
[4] 1929年,阿伦特在海德堡大学完成博士论文《奥古斯丁的爱的概念》,开创了对奥古斯丁之爱与自由主义政治令人不安的关系的研究。——译注

的；而另一方面，我在某种程度上还能认出自己，我清楚地知道我想说什么，甚至在涉及奥古斯丁的时候可以流利地阅读拉丁文。事情经过是这样的：几年前，一个疯狂的出版商用几千美元从我这里买了版权，我卖掉了，因为在我看来这太荒谬了，也就是说，我坚信他们无论如何都会破产（他们确实破产了），然后我将从破产中分一杯羹。（很不道德？请嘲笑我吧！）总之，我受到的惩罚已经够多了。因为我没有预见到，麦克米伦出版社会从破产中获得某些权利——而现在就轮到我了。他们给我寄来了一份非常好的译本（译者是阿什顿），当然根本不需要，因为文本本身必须重写。我现在正在做这件事，甚至还觉得有点儿意思。（1966 年 1 月 16 日）

越南：仍然很受关注。您二位可能读过富布赖特主持的参议院外交委员会讨论。昨天，腊斯克[①]接受了七小时的常规审讯。我们在电视上看了一整天。这让人无比激动，而且是高水平的，令人印象非常深刻。您很难想

---

① 迪安·腊斯克……美国时任国务卿。

象这样的事情能发生在另一个国家。腊斯克证词中的漏洞当然是被滥用的世界革命概念,人们必须在越南阻止革命。这背后是对中国人的恐惧,也许是诚实的恐惧,这在原则上非常合理,但在这里并不适用。更不用说在我看来,受到威胁的不是我们,也不是南亚(例如印度),而主要是俄罗斯,其次是澳大利亚和新西兰。当然,这种事永远不可能知道……整件事中最糟糕的是,我们不可能在亚洲打一场陆地战争,而这正是我们即将开始的。我不相信有第三次世界大战,但有时我确实会感到害怕。关于昨天的电视,我还想说,这种技术手段让民主在这个大众时代又获得了意义,甚至是从未有过的意义:所有人都参与了这几场座谈,民众也受邀以最活跃的方式参与协商。这已经在各地产生了非常明显的影响。

海因里希下周又要回巴德。大约四个星期后,我就要去芝加哥了——真是一个旅行学者。我在康奈尔的讲座课进行得非常顺利。我正在读一些学生的作业,我本来不必批改(我有两个好助手):他们真的学到了一些东西,这让我这个老教书匠很高兴。在芝加哥,我将讲授的是道德的基本问题（我表述得更微妙一些）①，并且已经非常胆怯。海因里希正在开设一门高级研讨课，内容是关于"道德真空"，他希望能把与原子弹有关的那本书②也作为基础。这次我主要用到您"关于尼采"的论述。感谢上帝，现在有了英文版。此外，我还帮助我的好奥古斯丁取得了一些进展。现在我要写一个新的导言，因为新版（精装本）的《极权主义》一书即将出版，特别是要梳理在此期间新出版的文献。阅读的工作量非常大。没什么坏处，偶尔我也会抱怨。我天生的懒惰倾向根本没有机会展现。（1966年2月19日）

我已经很久没有写作了，因为芝加哥的开始几周太累了。我一年没来了，堆积了很多事情。另外，我突然有一门庞大的讲座课，尤其是有很多所谓的学分制学生选修，来的不光是听众。按照规定，他们都要写论文。一想

---

① 正式的标题是"从苏格拉底到尼采的基本道德命题的再思考"。另见以下信件摘录。——编者注
② Karl Jaspers, *The Future of Mankind*, Chicago: University of Chicago Press, 1961. ——编者注

到这点,我整个人都不对劲了。更有甚者,还有所谓的研究生,他们常常认为长度决定一切。(到达这里时,我发现桌上有一份长达七百页的手稿,部分是单行打的。这个堆砌者真有天赋,仅此而已。但因为他是"我们"的学生,我不得不读。)我开设了一门关于基本道德命题的讲座课,从苏格拉底讲到尼采,还开设了一门尼采研讨课,是基于您的书。我到现在才能真的这么做,因为英文版出版了。参加(带讨论的)讲座课和研讨课的学生都很优秀,但我也要好好努力。无论向他们推荐什么,他们都会积极阅读,而且他们真的会仔细审视。我非常喜欢这一点。此外,还有答疑时间、博士考试,以及类似的东西。简而言之,就是一个"教授"。然后我还要持续参与社交活动,所以几乎没时间在俱乐部里安静地坐一晚。

....

对了,又是《艾希曼》:几周前,我收到了随附的信件,来自一位拉比——阿瑟·赫兹伯格博士,他在当地"体制"中有重要影响力,而且您看到了,他曾听从组织指挥来攻击我。很遗憾,这种道歉并不像看起来那么美好;我很确定,他写这封信只是因为官方的态度已经改

关于个人生平

变。……好吧,无论如何,我想这场喜剧就此画上了句号。至少就犹太组织而言是这样。私下里可能永远不会结束——他们可是"知识分子",这比利益代表要糟糕得多。(1966年4月18日)

您一定看过关于学生骚乱的消息了,实际上它非常令人欣慰。行政部门在这里和学生详细讨论了有关学生的一切。出于我无法理解的原因,他们对大学关于义务兵役的政策保持沉默,这政策本身并没有错,他们让学生面对这个既成事实。基本上,学生们的要求不外乎先彻底讨论所有问题。由于学生们几次尝试都没能说服校方,他们决定占领行政大楼,向校方表明立场。由于行政大楼中有一个非常聪明和优秀的人,他是最高层领导(他不是校长,因为他是个犹太人,但实际上他就是校长,这一点人人都知道),一切顺利结束。没有报警,学生也没有受到威胁。三天后,学生们自愿离开,全程都在讨论,严格遵守所有议会规则。每个人都发言,每个人都被听到,没有人被嘘,所有的动议都遵照规定提出——简而言之,他们在任何时候都不是暴民。这座建筑本身可以一

281

次性容纳约四百五十名学生，日夜连续——学生们睡在地板上，吃着橘子和某种三明治——整个过程都无可挑剔地干净和有序。每隔几个小时，他们就会打扫和整理。而当他们决定再次腾出大楼时——基本上是因为再不走就会让大学，"我们的大学"，永远受损——他们在那里又待了半个晚上，又累又饿，把一切都恢复到他们进入时的样子。这里的教师中有相当数量的煽动者，行政部门中几乎没有。有那么一瞬间，似乎校方肯定要叫来警察，先逮捕学生，然后把他们赶出大学，至少有一些年轻的讲师，但最重要的是学院院长（即行政部门），他们虽然绝对不赞成学生和学生的方法，但还是非常严肃地考虑让自己一起被逮捕。我自己没有正式参与，但我必须一直与我的学生交谈，还几次进入被占领的大楼，与那里的人单独交谈。学生们在半夜里打来电话，相互协商。他们中的大多数人都来上课，至少对我来说是这样，但都只剩一口气儿，没什么精气神。当然，我一直告诉他们，必须尽快离开那里，必须接受失败。交流从未中断片刻，倾听和争论的意愿始终存在。最令人吃惊的是，最初没有领导人，后来却出现了领导人。一个二十岁的高素质犹太女

关于个人生平

孩对堪称典范的秩序起到了决定性作用,她领导了谈判,拥有绝对权威。同时,这里的每个人都在绞尽脑汁地思考,什么样的新制度才能让学生在所有切身事务中拥有发言权,同时不授予他们决策权。少数人要求决策权,但不会通过的。但是,绝大多数真正有天赋的人都要求享有发表意见的权利。他们将得偿所愿——我希望。
(1966年5月21日,芝加哥)

亲爱的最尊敬的:

好几个星期以来,我一直想给您写信,但一直没落笔,因为我把公寓翻新了,这是个相当大的工程。然后这里高温来袭。我为了装修公寓"放逐"了海因里希。他又搬了回来,在一切都恢复后,我也恢复了。

....

顺便问一下,您知道关于奥斯威辛审判的报告吗?由《法兰克福汇报》的审判报告汇编而成,神庙出版社出版。这真的很可怕,尤其是它涉及的恐怖行径没有发号施令者。我提到这个是因为我要为英文版写前言。我完全不知道该说什么。

我还有个请求：您可能还记得，您曾经为我的赔偿事宜出具过证明，确认我在海德堡有大学授课资格。当时，所有此类申请都被驳回。最近又出了某些补充规定。我的律师告诉我，根据这些规定，我必须尝试重启整个申请。这样做的最大好处是，我可以获得养老金。这位律师是由德国驻本地总领事馆推荐的，他是处理此类赔偿事宜的真正专家。我自己的律师四年前自杀了。

根据律师的解释，补充规定增加了如下条款：那些在事实上已经获得大学授课资格的人可能也有资格获得养老金。为此，律师需要您提供一份额外的声明。他已经起草好了，我把他起草的内容发给您，当然您可以改动。[①]（1966年7月4日）

亲爱的最尊敬的先生，亲爱的好女士——

这封信我拖欠太久了！我们在这里过得太好，很容易就懒惰起来。……

[①] 雅斯贝尔斯在1966年7月写的专家意见也收录在二人的书信集中（第831页）。——编者注

关于个人生平

首先,海因里希这次不会和我们一起去。这个冬天他工作得相当辛苦,在这里终于能休息了——他情况很好——他想继续工作。此外,他还有牙齿的问题,已经拖了很久,他也要先解决这个。因此,您二位这次只能和我凑合了。我目前还说不准什么时候去。美国政治科学协会将在纽约召开会议,我要在会上做一场报告("真理与政治");报告是在7日,但会议日程更长。如果我立马走人,可能不太礼貌。因此,启程日期可能在9月12日到15日之间。我还是会从这里给欧拉旅馆写信(我知道,实际上对我来说太封建做派了,但我把两样东西卖给了《纽约客》——《布莱希特》和《真理与政治》,所以我很有钱),因为只有它和三王旅馆是不让公共汽车停靠的旅馆,也不会总让我搬进搬出的。不然实在令人厌烦。(您看,六十岁就是新生活的开始;我将以最大的热情扮演"老太太"。)现在的问题是:多长时间?我想的是三周——不过要是您二位觉得太久了,一定要跟我说。我想让小安(魏尔)到巴塞尔来,可能还有玛丽(麦卡锡),因为我不喜欢到处旅行。我还取消了在德国的所有报告和电台访谈等。10月底,我将回到芝加哥,然后我在冬天要做一系列报告——超过一千美元的酬劳让我很难拒绝——在此期间我宁愿保持沉默。我想去看望我在苏黎世的家人,我不介意开车过去。您二位有任何想法都请告诉我。还有,请问我可以给埃尔娜带什么?我已经很久没有送她像样的东西了。

············

您提到我的六十岁,还说您在我五十岁那年寄给我的美妙信件也杳无回音。我想我只是一直没有合适的心情。此外,还有意外发生。我当时在巴黎,魏尔一家(小安的丈夫和姐妹)邀请我。这件事令我难以忘怀,因为——当时一切都准备得很完美,包括香槟什么的——他对我的无礼和侮辱让人难以置信,我再也没有去过他家。当然我们早就和好了——他来纽约看我们,还有之后的事。但整件事有点象征性;生日庆祝从来没有真正成功过。也不重要。而变老很重要。我对此一直有很大的野心。如果我老了,那就请让我在敬意中生出华发,而不要变成像阿尔弗雷德·韦伯那样的"活力年轻人"。我会做出努力,但会有点困难,因为我有时候还是会冲动慌乱。但除此之外——我和您二位共度了几十年,我只需要效仿这般生活下去；这实际上正是我们想要的，我们只需要旁观这种生活就能领会。您希望像歌德一样逐渐从人群中销声匿迹，这件事没成功，因为神明让您的打算落空了。只有当世界或多或少有秩序地运转时，这种事才有可能发生。但是今天，您比以往任何时候都更受关注。这是非常非常美好的。然后还有逼近的死亡。我认为这对我没有多大影响。我一直都喜欢活着，但不至于要永远活着。死亡对我来说一直是一个愉快的同伴——完全不忧郁。疾病会让我非常不快，让我讨厌或更糟。我想要一种安全体面的自杀方式；我想掌握它。

············

现在我必须为《奥斯威辛》一书写导言——这让我的假期也有一种奇特的乐趣。我刚刚为两卷本的《罗莎·卢森堡传》写了一篇长评，这是一本好书，英语的措辞就像英国伟大的政治家传记一样，语调尖锐。有许多不为人知的资料，特别是信件；人们知道得太少，因为她曾经如此缄默——不是为了保密。而这本书的作者内特尔完全不知名，据传是个商人！他好像是卢森堡最后的崇拜者。真是令人欣慰。我借此机会阅读了爱德华·伯恩斯

坦,他非常聪明。但考茨基是一个多么卑鄙的伪君子啊!您看,我越扯越远了。(1966年8月10日,帕伦维尔)

亲爱的、最亲爱的朋友们——

我一半心思仍然留在巴塞尔,我向外望去看到哈德逊河时,都不太相信。我在思绪中穿过奥尔街的所有房间,从底楼开始,和格特鲁德一起待在客厅里,直到最后走到书房。我想到您说的话时,就能听到您的声音。

············

回程航班非常好,海因里希在机场无比满意,在家里有鲜花、甜食和非常好的葡萄酒。第二天早上七点(我没骗人),西德电台打来电话,我一开始吓得要死——七点钟的长途电话——差点从床上掉下来。然后,又是在七点钟,一位我不认识的先生,我没听清他的名字,让我再次从被窝里爬起来,他正式祝我明天生日快乐,然后立即通过广播发布出去。恐怕我已经无视礼节了。但是,这里没人或者说只有最亲密的朋友知道些什么。不过朋友们——大约二十个人——明天将在这里得到香槟和美食,尽管是冷餐。我只是在购物。反正我还没去上班,我

觉得我有权利这样做。然后我有机会戴上了美丽的项链。海因里希无比欣喜,我每天都打量它。(1966年10月13日)

亲爱的最尊敬的——

您的信和您二位的电报。起初我想马上回信,但后来这个生日让我很不适应——鲜花、电报等。德国人都知道了,总领事、驻华盛顿特使等,让我永远也想不到的是,社民党主席也知道我过生日。我们举办了一个小型聚会,但有香槟,只有好朋友。然后是芝加哥的事,我非常忙碌,而且那里天气恶劣。总而言之,有点像旋风,字面意义上的旋风,因为只要你敢上街,这里的风就会把你旋来旋去。顺便说一下,克劳斯·皮珀给我寄了一封异常热情的信。还有几封来自他的妻子。但所有这些事都已经过去很久了。

剩下的就是在巴塞尔的几个星期,以及您的信和电报。您的洞察非常准确,我这次突然变老了很多。在我看来,身体上没有变老;但这是老年的开始,我实际上非常满意。我觉得有点像我小时候那样——终于长大了。

现在的意思是——终于平静了；而且也更接近您二位了。能在您的指导下变老，我对此非常感激。因为对我来说，您当然会永远保持不变。

您对我的离开可能有点过度解读了。您看到的是恐惧，而我已经恐惧了很长一段时间，只是这次让它大白于天下了。否则我就像您一样——我们明年会见面的，人们不应该想得太远。（1966年11月3日）

对我们来说，12月和往常一样，相当不平静。所有事都凑到一块儿了。假期和职业联盟举办的会议——这次是历史学家和现代语言学家的会议。所有事都聚到了纽约。另外，玛丽（麦卡锡）突然在这里现身一周，她是来处理各种事务的。这让我非常开心。但我又要应付很多人和"聚会"。就连海因里希也被卷入喧嚣之中，但他非常喜欢玛丽，所以并不介意。我们举办了一个非常好的聚会，她邀请了她的朋友，大多也是我的朋友（虽然不尽然）。她自己带来一箱顶级红酒，我正慢慢喝，但肯定会喝完的。然后是新年的聚会，这次范围不是太大，大约三十个人，埃斯特和我出色地熬过了这次聚会，因为我们俩

关于个人生平

在凌晨两点后把所有人都赶了出去。在那之后,我当了两个星期的陪审员,可惜不是刑事案件,只是民事案件,每天从早上九点到下午五点,这非常有趣,我在那里学到了很多。整个过程基本上非常令人愉快。我和来自各行各业的人坐在一起,审议工作令人印象深刻,首先是因为每个人对待正义都非常认真,其次是因为每个人都非常乐意参与,尽管这对其中大多数人来说意味着损失相当多的金钱和时间。这是一项公民义务,人们很高兴可以参与其中。而且什么麻烦也没有。每个人都发表看法,但没有人非要出头或者试图左右其他人。当然,律师们试图打动陪审团,但他们几乎没有成功。基本上,决议的基础是事实证据。例如,原告即使在宣誓后明显做了虚假陈述,也不会给人留下印象,也不会导致对诉讼中相关部分的偏见,只要这部分是合理的。客观性和公正性是相当惊人的,即便在非常普通的人身上也是如此。在一个案件中,原告(波多黎各人)已经在这个国家待了二十年,却一句英语都不懂,这根本不影响结果,人们请一个翻译帮忙就可以了。有些琐事本来就不应该上法庭,但如果律师不肯出力,没有好好描述事实并陈词,那么陪审团会坐上几个小时来弥补。事实和与之相关的法律始终起决定性作用,法官会向陪审团解释。法官总是说:"如果您讨厌法律,您作为陪审员就不能做任何事;您必须遵照法律来决定。您能以'公民'的身份改变法律,但现在您是陪审员,就不行了。"原则上,法律并不被看作不可改变。它必须被改变,这种可能性始终是存在的。

············

我现在休息到3月底,但必须先为瓦尔特·本雅明的英译本写一篇导言。我已经把译本看完了。他在这里完全不为人知,而且他的事情相当复杂,所以我必须写得很详细。对我来说,一切都进行得如此缓慢,我总是需要这样一个漫长的、缓慢的开始来处理最小的事情。您觉得自己现在变得更慢,我看到这里时,不由得大笑。您和其他人比比呢。

············

要说怪事,您在过去几天肯定看到我了:我是国家哲学、科学和神学图书奖——在这里是一个相当重要的机构——的三位评委之一。我为了了解情况不得不阅读几十本书。这种"荣誉"是人们无法拒绝的,它偷走了时间。

关于个人生平

长话短说,今年没有真正重要的书出版,更不用说一流作品了。如果可以随心所欲,我肯定会说没有获奖者。当然我不能这样做。(1967年1月16日)

这里有一些情况发生了变化,我已经决定了——我可能还没提过——接受本地(社会研究)新学院的邀约,担任研究生导师,这个职位绝对棒。每年也只有一个学期。要离开拥有优秀学生的芝加哥对我来说很难,但每年两次来回奔波、长期离家在外,我们两个人对此都已经相当厌倦了。海因里希今年将退休,他肯定会继续下去。他现在在学生和教师中取得了相当大的成功,我觉得他之前从未有过这种成就。但他在家的时间会大大增多。他的情况很好。我们正在为夏天做计划,这次想早点去,如果您同意的话,就在8月……(1967年3月21日)

我今天写得很匆忙,因为刚刚收到一封律师来信,关于赔偿案(您应该记得,大学授课资格等)。相关部门先是否决了,这在我们的意料之中(但不管怎样,我们正向联邦法院提出上诉,或者随您怎么称呼它)。但否决中提到了特别重要的一项证据,即《拉赫尔》一书缺了两章,所以这本书不算完工。我的律师目前在德国,他现在说,他认为您的声明可能会帮上大忙——但他不是完全确定——如果您声明,"关于拉赫尔的作品非常全面,即便没有出版时加上的结尾两章,这也是一部可申请大学授课资格的完整作品"。他想去巴塞尔与您商讨此事或类似的问题。我回信道,从您的健康状况来看,我不确定您能接待他,建议他以书面形式解决一切,等等……

至于这件事本身,我并没有觉得很舒服。传记一般以当事人的死亡而告终。任何声明都不能改变这一点。但也许……如果您不想做这样的声明,请立即说不。我一点都不相信这会有用。但正如我所说,这位先生充满活力,一点也不傻。他反正是觉得,明明这场诉讼是关乎我的,我却提不起兴趣。[①](1967 年 4 月 13 日)

离开以色列之后,我们在热那亚一家梦幻般的酒店

---

① 1967 年 4 月 18 日,雅斯贝尔斯给律师伦道夫·H. 纽曼博士去了这封信,它被收录在《阿伦特与雅斯贝尔斯书信集》中(第 835 页)。——编者注

关于个人生平

里度过了几天美好时光。在这家酒店——天知道是什么时候建造的——不仅大厅和楼梯是大理石的,连浴室也是。然后是一次不错的、轻松的海上航行。海因里希遭遇了意想不到的困难,他因为静脉发炎而卧床。这就是我到今天才写信的原因;有太多的事情要做。他现在还没完全好,但也快了。他的腿被抬高后,看起来就跟某幅著名的漫画一模一样:一位患有痛风的老先生。他自己也想到了一部卓别林的老电影。您看,这件事相当欢快地就过去了。而我现在坐在家里,如此平和,因为这场病给了我一个乐见其成的契机,我拒绝了密歇根大学的荣誉博士学位和随之而来的盛大庆祝活动。总的来说,在家的感觉很好,我操持家务,操心厨房的新油毡,做饭,几乎所有与之相关的事都归我做。如果不是某个已经疯掉的人发明了电话,那就更美好了。

以色列:在许多方面,大部分时候甚至是非常令人愉快的。……您还记得我的家人——菲尔斯特一家——他们有一个女婿是埃及犹太人,能说一口流利的阿拉伯语,另一个如您所知,是德国人。这两对年轻夫妇抽出时间,带着我逛遍全城。这也很令人高兴,我是说这个奇特的家庭,父母一方来自柯尼斯堡,一方来自柏林,两个女儿偏偏嫁了这两个男人,一切都很顺利。两个连襟的关系很好,德国人能说流利的希伯来语。有一些充满人性的时刻,一切都很顺利。我感到非常舒适。就国家本身而言,人们清楚地注意到,他们突然摆脱了多么大的恐惧。这在很大程度上促进了民族性格的改善。(1967年10月1日)

我之前在芝加哥,刚刚回到纽约。海因里希情况很好,但腿还是不大对劲。除此之外,几乎没有什么新鲜事——除了这个国家正处于动荡之中,特别是大学。很难预见有什么后果。我非常喜欢芝加哥的学生。在那里,整个教学过程基本上没有受到干扰,因为行政部门,特别是新任校长爱德华·莱维,正在以一种异常巧妙的方式管理学校。实际上,它总是归结为一个问题:当学生抗议时,在任何情况下都不能动用警察。只要这种情况不发生,就不会出现过激行为,学生们在形成意见时也几乎不会滑向极端。只有校方把他们当作罪犯对待,要求警察和纪律制裁时,他们才会成为真正的叛逆者,而他们并不是。那样他们就会把大学看作他们的敌人,而不再

是进行争论的地方。如果出现了这种情况,人们其实还可以马上关闭校园。(1967年11月25日)

今天我写信是为了讨论夏天的可能性。海因里希整个冬天都不太舒服,虽然现在又好了,但他不想去欧洲,我也不想让他一个人待很久。所以我只能短期去,而且最好是在6月下半月。在此之前几乎不可能。海因里希将在6月中旬获得巴德学院的荣誉博士学位,我必须到场。在那之前,我们在学期结束后会立刻去乡下住几个星期,去一个好的酒店,我们想在那里真正放松一下。我很累——学期、家务和政治。然后当我从欧洲回来时(海因里希会更早),我们会像往常一样去帕伦维尔。所有这些都还不是很确定。海因里希下周要去看医生,再做一次全面检查,但我几乎肯定,医生会认定他很健康。(1968年5月5日)

最亲爱的朋友们——

我是在压力下写信。我不能去了。海因里希心脏病发作了,不是梗死。还不知道病情会如何发展。无论如何,我

们必须等待和观察。我会再写信的。(1968年6月13日)

关于政治,我有很多话要讲。在我看来,21世纪的孩子们了解1968年的方式就跟我们了解1848年一样。我个人也很感兴趣。那个"红丹尼"·龚本第①的双亲是我们在巴黎时期的密友,他们二人都已去世。我认识这个男孩,他曾来这里拜访我们,我还在德国见过他。他绝对是个好小伙。在这里起决定作用的是麦卡锡②,他得到了所有年轻人的支持。这里的一切也都特别危险;但有时我想,这个国家至少还能给共和制一次机会,这样的国家也就剩下这一个啦。此外人们还会感觉到——自己身处朋友之中。(1968年6月26日)

最亲爱的朋友们——
我想再等等,看海因里希会怎么样。他的情况真的

---

① 龚本第,德国政治家、欧洲议会绿党领袖。他是法国五月风暴时期的学生领袖,因其政治风格和头发颜色而被称为"红丹尼"。——译注
② 这指的是尤金·J. 麦卡锡……他试图在1968年赢得民主党的总统提名。……

很好。故事总是一样的：他病得很重，医生面色阴沉，他被送进医院——然后突然间一切都过去了。他很年轻的时候，连续半年腹泻不止，憔悴得只剩下一副骨架，医生轻声说是肺结核，就把他放弃了。这时他的朋友罗伯特说：如果您无论如何都要死，我们不如先去意大利。于是他们上了罗伯特的车，海因里希在八天后完全恢复了健康，他们第一次同游意大利。他本人对这些情况没有一丝慌乱。只是我必须从震惊中平复。他反正照单全收。即使是在心脏病发作期间，那真的很可怕，他也没有丝毫不安。

海因里希情况很好，所以我决定赶快出行——但只有一个星期左右。如果事情按我预计的发展，我将在9月1日周日抵达，还是住在欧拉酒店，我会与您联系。我还没有订票，有可能要到2日才到。（1968年8月20日，帕伦维尔）

关于犹太身份

非常尊敬的、亲爱的教授先生:

我想真诚地感谢您的《马克斯·韦伯》[①],您给我带来了极大的乐趣。我直到今天才感谢您的书是有原因的:书名和导言让我从一开始就很难评论它。这不是因为您通过马克斯·韦伯描绘伟大的德国人,而是因为您

[①] 即《马克斯·韦伯:政治思考、研究与哲学思考中的德国人本质》(*Max Weber: Deutsches Wesen im politischen Denken, im Forschen und Philosophieren*, Oldenburg i. O. 1932)。信中的引文在第7页和第21页。雅斯贝尔斯将后来版本的书名改为《马克斯·韦伯:政治家、学者与哲学家》(*Max Weber: Politiker-Forscher-Philosoph*)。

关于犹太身份

在他身上刻画"德国人本质",并将其与"起源于激情的理性和人性"联系起来。当我想评价马克斯·韦伯本人令人印象深刻的爱国主义时,我同样遇到了困难。您将会明白,作为一个犹太人,我既不能说是也不能说不是,我无论同意还是反对,都一样不合适。如果涉及的仅仅是"德国世界权力的意义"和这种权力对"未来文化"的任务,我就还不需要与之保持距离。我仍然可以认同德国的这项任务,即使我对它的认同并不是完全没有疑问。对我来说,德国是母语、哲学和诗歌。我可以而且必须为这一切担保。但当我读到马克斯·韦伯的伟大句子,即他为了重建德国也会与魔鬼的化身结盟时,我不得不保持距离,我既不能支持也不能反对。在我看来,这句话恰恰揭示了决定性的一点。

我想与您分享这种障碍,尽管它随着我的阅读逐渐消失了。对我来说,后续内容和导言之间仍有分歧,对后文起决定性意义的是,自由不能被认同为德国性,而您在导言中把"理性和人性"说成是德国人本质的特征。
(1933年1月1日)

让我困惑的当然是"德国人本质"这个术语。您自己也说,它已经被滥用了;对我来说,它等同于滥用。但这不重要。就算是第一次听您说起这个词,我也会产生怀疑。也许我没有理解您所说的历史的全部意图。我的理解是,这种本质在历史中实现了自我。尽管它在本质上是不确定的,但它仍是一种绝对的东西,是历史和德国命运所无法触及的。在这一点上我无法认同,因为我无法在自己身上见证"德国人本质"。

当然,从我写作的意义上讲,我仍然是一个德国人。只是我不能简单地添上历史上的政治命运。犹太人的参与有多迟、有多么不完整,他们最后多么意外地进入了当时很陌生的历史,我太清楚了。即使人们援引过去一百五十年的经验作为反驳的关键见证,这一点仍然存在:当人们谈到犹太人时,基本上说的不可能是几代人都在德国的少数家庭,而只能是从东方涌入的犹太人,他们周而复始地接受同化的过程。德国的昔日辉煌是您的过去,而哪些是我的过去,这很难用一个词形容;正如任何明确的说法——无论是犹太复国主义者、被同化之人还是反犹主义者的说法——都只会掩盖现状中的真正问题。

关于犹太身份

(1933年1月6日)

我的非市民性——或者说文学性——的存在是基于这样一个事实：多亏了我的丈夫，我学会了政治性的思考和历史性的观察，而我在考虑历史和政治问题时，也没有放弃以犹太问题为导向。这让我想到，您曾经就《转换》问过我。① 我必须告诉您：您知道我收到共事邀请时有多开心吗？如果我只需要写作并寄出，那该有多幸福啊。

当我告诉您，对我来说为德国杂志工作并不容易时，您不会误解我的。您看，对于犹太人离开欧洲的绝望决心，我肯定已经够伤心的了（您可能对德国境内外所有难民营的氛围有所了解，这种氛围对此问题有决定性意义）。鉴于其他政府的行为和我们自己在政治上的自杀

---

① 雅斯贝尔斯给阿伦特寄去了《转换》(*Die Wandlung*)杂志1945年11月的第1期，并问她是否愿意为这份新杂志撰文。在第4期(1946年4月)上，阿伦特发表了文章《组织起来的罪责》(»Organisierte Schuld«)。随后又有更多文章，最后在"转换文集"系列中出版的《六篇杂文》(*Sechs Essays*)。最后一篇是献给卡尔·雅斯贝尔斯的《赞词》(»Zueignung«)，阿伦特在其中再次提出了这里的问题。——编者注

倾向,下一步的灾难——尤其在巴勒斯坦——很可能继续威胁我们,我内心的恐惧比我想说的更大。但有一点连我也看得清楚:如果犹太人能留在欧洲,就不应该是以德国人或法国人等身份,好像什么都没有发生过。只是现在人们似乎又要把犹太人当成德国人或其他什么人,但在我看来,我们中没有人能够回来(而写作毕竟是回归的一种形式);唯一的可能是人们欢迎我们作为犹太人回归。这就意味着,如果能够以犹太身份就犹太人问题的某个方面发表观点,我都很乐意写作——但鉴于目前的困难,即便忽略所有其他事情,也就是说忽略您可能会提出的各种异议,我也不知道您有没有可能出版。(1946年1月29日)

我非常感动,您写到关于"我们"的问题。[1] 当然,我们并没有家破人亡——赞美上帝吧,让我们敲锣打鼓、哨声响亮。在这里,虽然所有关于犹太人的新闻都是"头版

---

[1] 格特鲁德·雅斯贝尔斯本人也是犹太人,她在1946年4月17日写信给阿伦特:"'我们'的问题在这里从来没有被讨论过,我觉得就好像讨论这个问题是缺乏管教的。"

关于犹太身份

新闻",当然特别是在纽约,但这并没有让事情有本质的改善——即使稍微变好了一点。我很高兴您拒绝了您丈夫的"我即德国"的观念。(他不应该对我有意见;除了他,我不想回忆德国的任何东西,我是说任何真正的活物,对我来说,这种回忆的诱惑在过去和现在都非常真实、非常接近。)在我看来,他不是德国。德国要大于一个人,不是某个单独的人,就算因为这个,他也不能是德国;德国要么是德国民众,不管民众是什么样的,要么是一个地理-历史概念。当然,我们现在也不想把他记入历史——我们之后的人将有足够的时间和机会来做此事。但我也不知道,作为犹太人,人们怎么能容忍自己生活在这样的世界里,在这里"我们"的问题不值一提,这个问题在今天就是我们的亡者。不过我知道,如果人们能讨论这个问题,那就好了。(1946年5月30日,致格特鲁德·雅斯贝尔斯)

我刚刚还在看您的问题,我是德国人还是犹太人。说实话,从私人和个体的角度看,我完全无所谓。不幸的是,海涅的解决方案已不再适用。毕竟,提出这个解决方案的只是梦想世界的统治者。[①] 但刨除一切表象,这一点也不再重要了。我这么说吧:只要情势迫使我说出国籍,那么在政治上,我将永远只以犹太人的名义发言。这对我来说比对您的妻子更容易,因为我与所有事物的关系更疏远,也因为我从来没有自发或坚持觉得自己是"德国人"。除此之外还有语言,只有当您半是被迫地用其他语言说话和写作时,您才知道这有多重要。这还不够吗?
(1946 年 12 月 17 日)

亲爱的最尊敬的——

随信附上修改过的《赞词》。希望我们的好心人兰伯特·施耐德不会失去耐心。您说得很对,我事后——但只是在事后——才感到惊讶和恼火,我们在这里并没有听到和读到这些挑衅的内容。正因为这是一份申辩,我想到的当然更多是我周围的人,其实想到的太多了,我在

[①] 见阿伦特的文章《隐匿的传统》(»Dieverborgene Tradition«),其中一节题为"海因里希·海涅:施莱米尔与梦想世界的统治者"(»Heinrich Heine: Schlemihl und Traumweltherrscher«)。——编者注

关于犹太身份

这种压力下不知不觉就写了出来。尽管如此，它仍然是一份"申辩"，这一点不能否认，而且我很难过，因为它让您伤心了。因为我不能改变这一点。在我看来，不解释是傲慢的，而每个解释都带有申辩的萌芽。所以，我觉得最好清清楚楚地写份"申辩"。此外，我真的相信（如果我错了，请告诉我），我不仅需要对我的犹太朋友进行辩解，也有必要对德国解释。就我所见，到目前为止，德国的犹太人只有在默认自己是反法西斯的德国人时，才会发表文章。也就是说，他们表现得好像自 1932 年以来没有任何变化。另一方面据我判断，德国人正焦急地避开任何对犹太人问题的讨论，这肯定有其原因。换句话说，通过比照，我不禁怀疑，从普遍情况来看，德国人和大多数犹太人看待犹太人在德国发表这种文章的方式并没有明显不同。我故意说得直截了当。（1947 年 5 月 3 日）

但让我回到犹太人的问题上。我非常清楚地记得我们之间的分歧，您曾说（或者写道），我们都在同一条船上。我不记得我是回答了还是只在脑子里想，有了希特勒做船长（那是在 1933 年之前），我们犹太人就不在同一条船上了。这也不对,因为在这种情况下,您根本就不是坐在船上,或者最多跟坐牢一样。在自由的形势下,实际上每个人都应该有权利决定他想成为什么人,德国人还是犹太人,或其他什么人。在美国这样的非民族共和制里,国籍和国家并不完全相同,那么这个问题就或多或少只有社会和文化意义,在政治上却毫无意义。(例如,所谓的反犹主义在这里是社会性的,虽然有些人拒绝与犹太人同住一个旅馆,但如果他们的犹太同胞被剥夺了投票权,他们也会非常惊讶和愤怒。当然,这可能会改变,但目前是这样的。)在欧洲的民族国家体系中,所有这些都更加困难。但是,我的上帝啊,如果一个德国人说他宁愿是意大利人,或者反之,并据此行事,为什么不行呢?

如果今天德国的犹太人不再想当德国人,肯定不能责怪我们,当然这看起来有点奇怪。但基本上他们想要说的是,他们不打算为德国分担政治责任;而且他们又是占理的。仅仅这一点就是决定性的。您看,对我和今天的许多人来说,我们打开报纸首先要看的是巴勒斯坦发生了什么,这已经变得很自然了——尽管我无意去那里,而且几乎坚信那里会出问题。

关于犹太身份

我希望看到的也是今天无法实现的,即改变现状,让每个人都能自由选择他想在哪里履行政治责任,在哪种文化传统中感到最舒适。这样,在各地进行的家谱研究终于可以结束了。

在我看来,目前最重要的是不要高估所有这些问题,否则人们总是会忘记,毕竟这可能是大洪水,这时候最好不要让自己在任何地方有家的感觉,不要真的依靠任何民族,因为他们可以在瞬间变成一个群体,变成盲目的毁坏工具。

先生和我也时不时商讨犹太人问题,如果我不扰乱他,他总是倒向他的立场,我称之为同化倾向。在纯粹的私人领域,我乐于承认我的困惑,某先生或某夫人很明显就是德国人,现在却宣称自己不是德国人,个中缘由实在很令人费解。(1947年6月30日)

就犹太人而言,您所说的一切在历史上都是正确的。尽管如此,还是有一个事实:许多犹太人在宗教上完全独立于犹太教,但他们仍然是犹太人,就像我一样。也许这将导致民族的衰亡,但人们对此无能为力。唯一能做的就是努力争取政治条件，不要让继续生存变得不可能。届时会发生什么，我们就冷静地且观后续吧。就巴勒斯坦而言，您说得很对：这的确是有史以来人们唯一一次尝试一贯的同化。与此相比，其他一切行为（只要不是简单地接纳欧洲文化，而是按计划执行）都是小儿科，甚至是不怎么严肃的。在这方面，人们唯一可以认真对待的就是犹太复国主义者。他们——而非被同化者——也是唯一不再相信天选之子的人。但人们在巴勒斯坦做出的那些事，是不寻常的：不是简单的殖民化，而是认真尝试新的社会秩序，即使是托尔斯泰式的乌托邦元素，最近也越来越多地消失了。就民族本身而言，近年来他们身上发生了这样一种决定性的变化，可以说真的改变了所谓的民族性格。（这是不是最终结果，我不知道。）尤其重要的是，不仅在巴勒斯坦，不仅是犹太复国主义者，大部分人拒绝把生存作为整个民族生活的目标，并准备好死亡。这是全新的。但其次是，人们对天选之子有一种难以描述的不情愿。可以说，犹太人已经受够这个了。这不是像犹太复国主义那样的意识形态，而是一种大众情绪。然而与此相伴的——这才是真正危险的——是对所有其他民族的彻底不信任,这种不信任越来越不言而喻,而且覆盖的范围也越来越广;对德国的态度绝不仅限于对德国(这可能并不是坏事),而是引发了一种更为普遍的排斥。这也不是什么新鲜事,但今天它扩展到所有阶层,例如也扩展到犹太社会主义者身上。它是非常危险和有害的,因为其背后根本没有任何想法(除了模糊地设想"我们毕竟是更好的人,但想努力变得更坏"),没有对上帝的信仰或任何东西。当然,人们可以说这是一种暂时性的民族歇斯底里的情绪。我不知道。除此之外还有许多积极面:巴勒斯坦正如您所说的那么漂亮,今天它"从远方"让这个民族团结在一起;还有美国犹太教发展起来了,它是自由和自信的,尽管在某种程度上比我们所知的更野蛮。这里的共和制不论国籍,却又把每个人都列为公民,甚至把移民当作未来的公民。(1947年9月4日)

我今天不打算回复您的上一封信。但在我看来,我可以保证,我将一直是您意义上的德国人;也就是说,我不会否认任何东西,不会否认您的德国和海因里希的德国,不会否认我成长的传统,不会否认语言,我用它思考,

我最爱的诗歌也是用它所作。我不会在任何事情上自欺欺人，无论是我的犹太过往还是美国过去。（1953年2月19日）

您说犹太人的德国民族性，但人们习惯说（错误的？）德国人的犹太民族性。作为一名犹太复国主义者，布卢门菲尔德①不能不说：曾经只存在一种德国人的犹太民族性，它构成了离散在世界各地的犹太民族的一部分。从历史上看，即从犹太历史的角度来看，这是正确的。就同化而言：政治上和社会上的情况是无法忍受的，而且会以这样或那样的方式得到解决——通过失踪或犹太复国主义。但正因为它在政治上和社会上如此复杂，而且实际上是不可能的，所以它向个人提供了非同寻常的机会，既包括人性，也包括精神产出。在这个意义上，德国人的犹太民族性确实是伟大的。……

---

① 库尔特·布卢门菲尔德从小就认识阿伦特。她在海德堡的学生时代就与他成为朋友。战争期间他在纽约时，两人有密切的联系。1954年夏天，在阿伦特的调停下，1945年回到巴勒斯坦/以色列的布卢门菲尔德在巴塞尔拜访了雅斯贝尔斯。——编者注

布卢门菲尔德……他当然是非常"德国的"。他常说:我是一个受过歌德恩典的犹太复国主义者。(1954年10月6日)

关于个人作品

《拉赫尔·瓦恩哈根：浪漫主义时期一名德国犹太女性的生平》(1959)

我只想临时对您的立场做一些评论。① 我没有试图——至少没有意识到——把犹太人作为拉赫尔存在的"基底"。这个讲座只是一个*初步*工作，旨在说明犹太身

---

① 阿伦特曾给雅斯贝尔斯寄去她关于拉赫尔·瓦恩哈根的讲座，手稿没有保存下来。她为她的言论的"临时性"找借口，说她有很多事情要做，要为新公寓布置家具。——编者注

份可以生成某种存在的可能性,我暂且用宿命性来描述它。这种宿命性恰恰是在缺乏基底的基础上发展起来的,只有在脱离犹太教的情况下才会出现。我在这里完全不该对这种宿命做出实际解释。对这种宿命来说,犹太教的事实最终也会变得无关紧要。

在某种意义上,确实有一种客观化,但不是把犹太人的存在客观化(比如存在的形态),而是生活的历史背景,我相信这可能意味着某些东西(但不是一个客观的想法或类似的东西)。似乎是这样的,某些人在他们自己的生活中暴露出来(而且只是在这种生活中,而不是作为人!),他们以这样一种方式成为"生活"的联结点和具体对象。就拉赫尔而言,我的客观化已经有一个自我客观化作为基础,这个自我客观化不是反思性的,也就是说不是事后追加的,而是从一开始就是她所特有的"体验"、经历的模式。这一切实际上是宿命、暴露,有关生活中的某些东西——我不能抽象地说出来(在写作中我也注意到了),可能最多就是用例证说明。这正是我想写一本传记的原因。在传记中,阐释的意义实际上是重复。(1930年3月24日,美因河畔法兰克福)

亲爱的最尊敬的——

您亲爱的长信啊。您的详细解释是如此令人叹服，您的耐心是如此明亮、有启发性，这些都集于一身，同时您又在倾听和回答。我不想立即回答，因为我已经明白我的速度不值得信任。但如果我立即做出反应，答案可能也是一样的。

我一点也不惊讶。我早就料到您会持反对意见，我多年来一直远离这本书，如果我对它有更好的想法，我肯定会写得更加详细——我不能确定，但应该会这样做。您是对的：手稿在1933年甚至1932年就已经完成了，除了最后一章。我在1938年夏天完稿，当时我已经有点恼火了，因为海因里希（布吕赫）和本雅明不肯让我有片刻的安宁。

此外，不管我在下文中如何回应您的信，我们的约定仍然没有改变：我不会出版它。您可能记得，我告诉过您，我是否出版绝对且仅取决于您的反应。（是否能找到出版商是另一个问题。）

客观地说，我认为我在书中说的许多话在1933年之前(也许甚至在 1938 年之前)就应该公开说出来,无论如何都可以说出来,那时不仅不会造成任何伤害,甚至会带来一些好处。我也相信,有一天,也许这一代德国犹太人都死后,这些事情可以再次被平静地说出来。但现在我可能宁愿不说。我不害怕反犹主义者;反正他们什么人都利用上了,利用迪斯雷利①或拉特瑙②时比利用我更顺手。但我担心,怀有善意的人们会看到这些事情与灭绝犹太人之间的联系,而这种联系事实上并不存在。所有这些都可能导致社会对犹太人的仇恨,并引发德国式的犹太复国主义。但这些与实际上的极权主义现象和已经出现的政治反犹主义几乎无关。我写这本书时,恰恰不知道这一点。我写这本书时采用的是犹太复国主义对同化的批判,我采用了这种批判,今天仍然认为它基本上是合理的。只是这种批判和它所批判的东西一样,在政治上毫无前景。也许正因为如此,现在我个人觉得这本书

---

① 本杰明·迪斯雷利(1804—1881),犹太人英国保守党领袖,三届内阁财政大臣,两度出任英国首相。——译注
② 瓦尔特·拉特瑙(1867—1922),德国犹太实业家、作家、政治家,魏玛共和国外长,曾任德国民主党领袖。——译注

在许多方面都很陌生,特别是它的语气、它的反思方式。但无关乎书中犹太人的体验,这些体验是我在艰难困苦中获得的。我的家庭环境让我变得很天真;我觉得所谓的犹太人问题很无聊。库尔特·布卢门菲尔德在这方面启蒙了我,他后来成为我的密友,至今仍是。

…………

您说这本书"唤醒了一种舆论,仿佛作为犹太人,人们其实无法正常生活",这是很正确的。这当然是核心。我今天仍然认为,犹太人不可能在社会同化和国家解放的条件下"生活"。在我看来,拉赫尔的生活似乎证明了这一点,正是因为她以非同寻常的无情和完全不善于伪装的方式在自己身上尝试一切。她吸引我的始终是这样一种现象:生活打击一个人,"就像雷雨天没带伞"。在我看来,这就是为什么关于她的一切都如此清晰。但这也是为什么她是如此彻底地令人无法忍受。……

就启蒙运动而言,也许是人们误读了。我所认为的启蒙只与拉赫尔有关,这里指的是拉赫尔作为一个犹太女孩不得不被同化(她有意识地做了一些事情,让其他人、后来者无须费吹灰之力)。而启蒙运动在这些特殊条

关于个人作品

件下发挥的作用令人高度怀疑。我只能通过一些"不利"的例子来展示,因为这方面没有有利的历史案例。决定性的因素不是莱辛,而是门德尔松和弗里德兰德①。但门德尔松——我的观点与您正相反——平平无奇,只不过是个机会主义者。我觉得,在他身上很难看出斯宾诺莎的影子,就像拉赫尔自己也没有太多沿袭斯宾诺莎。斯宾诺莎是一位伟大的哲学家,因此是自成一体的。犹太身份对他来说是无所谓的,或者至少在本质上是无所谓的。这是他的出身,是他的出发点。他还没有面临犹太人的问题;一切都是个人的事。他是犹太人,因这个身份游离于社会之外,这更算是一个机会。门德尔松和拉赫尔一样,主要是想融入社会。很难为此责怪他们。除了这些人,只有后来的海涅才能置身于社会之外,因为他是诗人、革命家,就像斯宾诺莎是哲学家。

这让我想到了真正具有决定意义的问题:您已经有

---

① 摩西·门德尔松(1729—1786),德国犹太哲学家,18世纪德国启蒙运动的领导人。他倡导宗教自由、政治宽容、公民平等。大卫·弗里德兰德是门德尔松之后德国犹太启蒙运动的代表人物,提出对犹太教进行彻底变革。——译注

了某种预设，比如犹太教传统或多或少没有中断，在这个传统中，拉赫尔可能像斯宾诺莎和门德尔松一样拥有一席之地。然而在所有这些人里，只有门德尔松在犹太教中占有一席之地，而原因在这里是无关紧要的：他用希伯来语字母将《圣经》译成德语，以此教犹太人德语。随后，他在"博学的德国"扮演了犹太教代表的角色，并给米拉波①提供了例证，即犹太人不一定是野蛮人。门德尔松的哲学家（？）身份在犹太教中根本没有发挥任何作用。如果涉及犹太人的传统，那么斯宾诺莎会被完全遗忘，人们甚至都不会记得他是个异教徒。（我还没有说服朔肯出版斯宾诺莎文集，因为"斯宾诺莎不是犹太人"。）

一方面，犹太教在东正教之外根本不存在；另一方面，讲意第绪语、拥有民间传说的犹太民族也不存在。仅存的是那些具有犹太血统的人，对他们来说，没有任何传统意义上的犹太内容。出于某些社会原因，由于他们发现自己是社会中的一个小团体，所以他们产生了某种类

---

① 米拉波（1749—1791），法国政治家，曾任法国国民议会议长。
——译注

似"犹太类型"的东西。至于我们从历史中理解的、充满真正内容的犹太教,和这个完全无关。这里有许多积极的东西,我把所有这些都总结为贱民品质,拉赫尔称之为"生活的真正现实"——"爱、树木、孩童、音乐";它有一种非同寻常的对不公正的感知;有伟大的无偏见特质和慷慨;还有对"精神"的尊重,这更值得怀疑,但也很明显。在所有这些当中,只有最后一点仍然可以关联上犹太教最初独有的特质。在犹太教中,就纯粹的生活方面而言,沿袭最久的就是家庭观念。但这不是精神内容,更多是一个社会-政治现象。但是在这个意义上,负面的"犹太"特征也与犹太教毫无关系——所有的暴发户故事。拉赫尔之所以"有趣",是因为她十分天真地、不自觉地处于这两者之间——介于贱民和暴发户之间。犹太历史——如果是犹太民族大离散的独立故事——在沙贝塔伊·泽维运动①中终结了。新的篇章自犹太复国主义开始,也可能始于19世纪末以来向美国的大移民。或许到时候会

---

① 沙贝塔伊·泽维运动,即安息日主义(Sabbatianismus),是17、18世纪离散犹太教的异端运动,可追溯到沙贝塔伊·泽维(1626—1676)。——编者注

有另一次犹太教的复兴(我几乎不这么认为)。

您指责我用拉赫尔进行"说教"。这当然有可能发生在我身上,但不应该发生。我的意思是,或者说我想做的是,像拉赫尔一样继续思考,而且就在她思考的范畴之内,延续她认可的那些范畴。换句话说,我不断尝试用贱民的标准来衡量和纠正暴发户,因为我相信,她自己基本上就是这样做的,虽然她可能经常没意识到这一点。

现在说说外观。标题页丢了,可能是意外。海因里希送来的这本样书是装订好的,很容易拿在手里。实际上,它应该被简单地称为《拉赫尔·瓦恩哈根:一部传记》。在某一个副本中应该有过按时间顺序排列的生平列表。但也许它和其他许多注解一起丢了。重复——是肯定的。我从来没有为了出版而校对此书,几乎没有改过错别字。尽管这封自我保护(我希望不是!)的信简直长得过分,但很久以来,实际上从1933年起,整件事对我就没那么重要了。不过我从您的信中才看出,其实并不是因为我现在对一切事物本身都有了不同的看法(如果我再读一遍,肯定有些变了,但本质没变),而是因为我纯粹觉得这整个所谓的问题并不是那么重要,或者至少对我来说不再重要。我认为有意义的简单的历史见解,无论还剩下哪些,都可以在《极权主义》一书的第一部分找到,更加简短,也不涉及任何"心理学"。可能这样就足够了。(1952年9月7日)

我还有一些事要"坦白",我一直都忘了说。(请相信我真的"忘了",没有任何心理因素。)即:前段时间成立了一个所谓的利奥·贝克德国-犹太历史研究院,我是该学院在纽约的董事,它的总部位于耶路撒冷。一些成员知道我写过拉赫尔·瓦恩哈根的传记,因为他们事先只看了少量草稿,他们不断向我施加压力,让我转交他们出版。我最终屈服了。就是这样!但是我又修改了一遍,写了导言,并准备在附录中添上拉赫尔未发表的信件。现在整本书都在译者手里,因为很奇怪的是,该研究院只出英语版,明年将在这里和英国出版。但现在我也想出德语版,并让一些"无辜"的人读到它,看看它对他们有什么影响。根据判断,这主要就是一本关于女性的书嘛,我可以以此辩护。(1956年9月7日)

《极权主义的起源》(1951)

这让我想到您问我写的是什么。我没有标题,所以只能解释一下。第一部分已经完成,它只有一个视角,即犹太人是否有资格形成20世纪决定性的政治意识形态,我以此为出发点,描述了18世纪中叶以来犹太人的政治和社会历史。我目前正在写第二部分,分析了帝国主义(在我的术语中,这指的是始于20世纪80年代的纯粹的扩张政策)和民族国家的衰落之间的联系。如果一切顺利,我将在年底前完成这一工作。第三部分是结论,将论述极权主义国家的结构。我必须重写,因为我现在才意识到与此有关的重要问题,特别是与俄国有关的问题。(1947年9月4日)

您赞同集中营那篇文章,这样我就放心了。这将是本书的一个章节,虽然可能不会是核心,但很明显,如果(有人)不理解这一点,那他就根本没有理解其他一切。(1948年5月28日)

关于个人作品

谢谢您对我的书的评价。[①] 当然您是对的。不幸的是,在我心中这一直是一本书,但实际上,至少就需要处理的史料而言,这是三本书:反犹主义、帝国主义和极权主义。但写成三本书也不好,不仅因为犹太人读完第一本就会用石头砸死我(这事儿因为我的磨蹭而推迟了),而且因为政治争论会持续涌现。现在前两部分已经完成,最后一部分正在进行中。下个月我将重新开始写作,在此期间,我不得不更彻底地了解俄国革命的进程。(1948 年 11 月 19 日)

亲爱的、亲爱的朋友们——

我不知道这封信能否送到巴塞尔您的手中。我们去度假之前,我收到了您的信,这让我的心非常温暖,真的让我走出了悲伤的地穴。我们现在已经愉快地到达这里。湖泊、沙丘、森林,有点像我儿时的萨姆兰海岸。尤

[①] 1948 年 11 月 6 日,雅斯贝尔斯写道:"同时,您的书已经走得很远——但还没有完成。我认为您不应该拖延太长时间,也不应该再读太多的书。最好再写一本新书。"——编者注

其漂亮的是湖泊很多。我们和一些美国朋友同行,有一位是年轻的文学史学者,他非常有才华,有俄罗斯犹太血统,所以非常热情开放。如果他真有一天到欧洲去,并且学了一点德语,那他的名字就读作阿尔弗雷德·卡津。他在这本书的英语文法上给了我很多帮助,现在还在帮我校对。

············

当然我在这儿也有很多工作,但可以游泳、散步。校对是可怕的,因为无聊。我从《逻辑学》中找到了一句新的格言,与我当时告诉您的不同。"既不受制于过去,也不受制于未来。重要的是投入当下。"这句话直击我的内心,所以我可以拥有它啊。(1950年7月11日,马萨诸塞州马诺梅特)

我很高兴,书在生日时[1]终于完成了;它还没有上市,要到月底。只要我没有格言,我就知道还缺了点什

---

[1] 指雅斯贝尔斯2月23日的六十八岁生日。雅斯贝尔斯在2月15日的信中感谢阿伦特给他寄了一份副本。——编者注

么；我呼应着格言的氛围，写了一篇序言，和我的原计划完全不同，仿佛我被这句话解放了。①（1951年3月4日）

《艾希曼在耶路撒冷》（1963）

我现在回复您的第一封信——以色列的形象可能变得糟糕等。您对法律依据感到悲观，我并没有。当然，艾希曼是被劫持的，实际上是被抢夺、被绑架的。但以色列人可以说：首先，我们抢夺的是一个在纽伦堡首轮审判中已经被指控的人。当时他逃脱了逮捕。纽伦堡法庭处理的是反人类罪的案件。这个人已经不受法律保护了——就像以前的海盗一样，是人类之敌（hostis humani generis）。其次，我们在阿根廷绑架他，因为阿根廷在引渡方面的记录②简直是最糟糕的，哪怕是迫切要求引渡的战犯。而且不仅是战胜国，联合国也一再坚持，纽伦堡的被告必须被逮捕和引渡。不过第三，我们并没有把这

---

① 这篇序言只在该书迄今为止的最后一个（第五个）英美版本中重印；德译本出现在1998年。——编者注
② 英文原文为"record"，统计数据。

个人带到德国，而是带到我们自己的国家。德国本来可以引渡他。如果这样，我们会怎么办？这些都不得而知了。此人应该被送往纽伦堡法庭，一个没有后续的特殊法庭。如果德国人认为他们的普通法庭就是后续法庭，那他们就必须引渡他。就目前的情况来看，除了我们，似乎没有人渴望将一个被通缉的罪犯送上法庭。而现在，我们会这样做。

在我看来，就整个过程的这一部分而言，除了抢夺和绑架，只有一个真正的替代方案。人们可以在街上将他击倒，然后立即向警方自首。在这种情况下，也会有审判，整件事会像现在一样重新开始——只是由不同的英雄来扮演主角。这不是一个臆造出来的替代方案。这就是沙洛姆·施瓦茨巴德①在20世纪20年代初的做法，他在巴黎射杀了俄罗斯内战期间乌克兰大屠杀②的主要煽动者，并立即去了最近的警察局。经过两年的审判，大屠

---

① 萨米埃尔·施瓦茨巴德(1886—1938)，犹太作家。1926年，他在巴黎枪杀了杀害他父母的凶手。（阿伦特可能把名字写错了。）
② 1918—1920年间，大屠杀在三百七十多个地方发生，约有三万名受害者。

杀的历史被揭开,施瓦茨巴德被无罪释放。我在巴黎时很了解这个人,他是个好人。但那是巴黎,当时它仍处于世界的中心,有一个相当可靠的司法机构,这确保了最大程度的公开。在阿根廷,发生这种事的可能性并不大。

以色列可能没有权利代表全世界的犹太人发言。(虽然我想知道谁会真有这样的权利,在政治意义上为犹太人说话。当然,许多犹太人并不希望作为犹太人被代表,或者只希望在宗教上被代表。那么,对他们来说,以色列就没有说话的权利。但对于其他人呢? 它是我们唯一的政治权威。我不太喜欢它,但这也无济于事。)在任何情况下,以色列都有权为受害者说话,因为他们中的绝大多数人(三十万)今天都是以色列的公民。审判是在受害者和意外幸存者所在的国家进行的。他们说以色列在那个时候并不存在。但是人们可以说,正是为了这些受害者,巴勒斯坦成了以色列。人们反抗英国和建立国家的动力,无非是贝文①拒绝向幸存者提供必要的移民证书。此外,艾希曼只关系到犹太人,不管这些犹太人是什

---

① 欧内斯特·贝文……当时的英国外交大臣。

么国籍。因此,其他问题和管辖权在这里并不起作用。例如,如果人们拿获了(马丁)鲍曼①,情况就不会是这样。

就此事的这方面而言,我不得不说,对我来说最恐怖的是,以色列人一直强调,艾希曼是"自愿"来以色列受审的。很明显,有些事不对劲。(折磨?或只是威胁?天知道他们做了什么。)

至于审判本身,我和您一样感到担心。他们总是坚持,决不让这个案子持续一年,这将是纯粹的疯狂。即便如此,我也不放心。非常肯定的是,某些事情将被证明给以色列青年和(更糟糕的是)世界公众看。其中,不是以色列人的犹太人就像羊一样处于被宰割的境地。再说,阿拉伯人与纳粹有最密切的协议。歪曲事情真相的方法还有很多。

现在让我们谈谈国际法院,或者谈谈当时人们通过何种决议过程建立这样一个法院。这种尝试并不新鲜,

---

① 马丁·鲍曼(1900—1945),纳粹党办公厅主任、纳粹党秘书长、希特勒私人秘书,纳粹"二号战犯"。

关于个人作品

到目前为止总是失败。在联合国,是因为大会的抵制。唯一的可能性似乎是在海牙法院之外设立一个针对人类之敌的刑事法院,它可以管辖任何国籍的个人。只要这个法院不存在,那么根据国际法,世界上任何法院都有管辖权——那以色列为什么不行呢?在法律上,以色列甚至不能说它没有管辖权。有人说以色列是以自己的名义进行裁决,这种说法在我看来也是不成立的。我们假设在某个地方,人们因为对美国的普遍仇恨而将美国人殴打致死,而这些杀人犯不知为何最终出现在纽约。这里的法院难道不应该有权审判这些人吗?在法律术语中,这被称为"被动国籍原则":管辖权属于受害者所属的州或国家——而不是积极属人原则(根据这条,德国人将拥有管辖权),或者领土原则(根据这条,几乎所有欧洲国家都有权处理这些人)。不要误解我的意思:我非常欢迎一个具有适当管辖权的国际法院。但在我看来,以色列宣布自己没有管辖权,似乎只是因为它犯下了劫持人类的罪行,而不是因为它以自己的名义进行裁决。我认为在这种情况下,这并没有那么糟糕。此外,国际刑事法院也不会改变人口绑架的事实。

您基本上是在害怕反犹主义的猖獗。从这里看来，这种担心似乎相当没有依据，但我可能是错的。您提出的艾希曼的"辩护"，或者说他放弃辩护——我是一只落入陷阱的鹰——在这里也不会给人留下什么印象。我认为，这并不会促使反犹主义者成为殉道者，反而会使所有人相信，这些人肯定是疯了，或者患了有趣的神经衰弱。这样的态度可能会给我留下某种印象——但我毕竟不是当地人。

让我们假设审判的进程无懈可击。那么我担心艾希曼将能够证明，首先，没有一个国家想要犹太人（即本-古里安想要的那种犹太复国主义宣传，我认为这种宣传是一场灾难）；其次，他能展示犹太人帮的大忙是多么骇人听闻，他们帮自己走向灭亡。这是赤裸裸的事实，但这个事实如果没解释清楚，可能会激起更激烈的反犹主义，比十次人口劫持还严重。一个不幸的事实是，艾希曼先生本人没有碰过任何一个犹太人的一根头发。事实上，他或他的帮手甚至都没考虑过挑选哪些人送去集中营。

您在听我说这一切时肯定觉得，我好像也在试图用法律术语来描述政治。我甚至可以承认，我用盎格鲁-撒克逊式的视角看待法律的作用。但除此之外,在我看来这件事的本质是,我们手中只有法律来判断和谴责一些东西,而它们既不能真正通过法律概念得到充分展示,也不能完全用政治范畴来体现。所以这个过程本身即审判是如此令人兴奋。问题是:如果我们有一部针对人类之敌的法律,而不仅仅是针对杀人犯等人的法律,情况会有所不同吗?

但我自己去那里的身份是一个谦虚的记者,甚至不是为新闻界,而是为一家报纸。所以我对那里发生的事情不负有责任。如果我按您的建议进行尝试,以色列人可能会立即将我逐出记者团——他们也占理。甚至我完全还没听说他们将用何种理由证明自己的能力。作为一个记者,我有权批评他们的理由,但不能向他们提出建议。如果我想这样做,我肯定得先卸下记者的身份。但我是为一家非犹太报纸做报道,您可以从这一事实看出,我想让自己尽可能与这些事情保持距离。在我看来,唯一可以做的事情就是一个结论:艾希曼案证明,我们需要在海牙设立刑事法院。(1960年12月23日)

我还没有回复您关于艾希曼审判的两封信。您可能知道,这个日期又被推迟了——推迟到3月15日。而几周前,这里的媒体传出消息,说它将继续被推迟到5月。这将是好事,但目前还没有得到证实。这样我就可以在审判前到巴塞尔去。我非常不希望在审判过后才和您讨论,因为对我来说,事情还远远没有搞清楚。我的海盗理论是不正确的。就海盗的概念而言,海盗在事实上和法律上必须是出于私人动机从事海盗活动。而这恰恰是问题的关键所在。如果没有人类之敌这个概念(不管怎么翻译,但不是反人性罪,而是反人类罪),就很难自圆其说。至关重要的是,尽管这基本上是针对犹太人犯下的罪行,但绝不只涉及犹太人或犹太人问题。(1961年2月5日)

关于审判,您可以在报纸上读到所有的要点。艾希曼不是一只鹰,更像是一个幽灵,他也有鼻炎,而且他在玻璃亭①中每分每秒都在失去他的实质。首席法官——

---

① 与一般被告的待遇不同,艾希曼被关在一个防弹玻璃亭内,以防充满敌意的人对他进行袭击甚至枪杀。——译注

兰道——极为优秀！三位法官都是德国犹太人。这是一出希伯来语的喜剧，这里所有人都会说德语并能用德语思考。兰道的希伯来语说得非常好（我是听旁人说的），而检察官则不然，他是典型的加利西亚犹太人，非常不讨人喜欢，一直犯错。他可能属于法庭上不懂语言的那种人。陈词非常不自然，高度合法，但是有严重疏漏，还会因情绪而中断；最重要的是过于无聊，而且总是提到根本不存在的先例，而没有坚持认为此事是史无前例的。后来，后者偶尔也会被提及。但是，正事会淹没在不相干的事情中。法官们已经很不耐烦了。也许兰道还能掌握事态的发展。塞尔瓦蒂厄斯（辩护律师）油腔滑调，虚情假意，技术娴熟，简明扼要，目标明确。……

最关键的是，审判被设置成这种样子，除非有奇迹发生，否则它可能会持续到末日审判那一天。这是纯粹的疯狂，以色列国内也普遍认同这一点——除了诸位检察官，可能还有本-古里安。我不知道他们到底想要什么，我怀疑这里也没有人知道。如果检察官坚持下去，审判可能会拖上几个月，而且这些恶魔行径中非常实质性的东西仍然无法清楚地显现出来。例如，犹太人合作的事实、犹太组织合作的事实等。同时,这个国家到处都是德国人;例如,法兰克福的市长和我寄宿在同一户人家。德国人还是这样,带着令人不快的过度殷勤,觉得一切简直太了不起了。相当令人反胃,如果我可以这么说的话。其中一个哭着拥抱了我。他叫什么我忘了。

有人人为地煽动了对这场审判的兴趣。一个东方暴徒在法庭前徘徊,只要有事情发生就有这种人。许多三岁至十岁的儿童也注意到了此事。我从真正的年轻人那里听到的情况完全不同。他们说这是父母的事,不关他们的事。但如果父母有兴趣,这就是合法的。不言而喻的是,我们有更重要的事情做。今天没有开庭,我自离开纽约以来第一次睡了个好觉。……

我的第一印象:法官在最上面,最优秀的德国犹太人。下面是检察官队伍,加利西亚人,但仍然是欧洲人。组织这一切的是一支让我毛骨悚然的警察部队,他们只说希伯来语,看起来像阿拉伯人;其中几人绝对是非常残酷的家伙。他们服从每一个命令。而门前还有个东方暴徒,仿佛我们是在伊斯坦布尔或另一个半属亚洲的国家。此外是留着鬓角卷发、穿着长袖长袍的犹太人,他们在耶

路撒冷非常出名,让这里所有明智的人都无法生活。但最重要的是,非常贫困。(1961年4月13日,耶路撒冷)

与此同时,艾希曼的判决也已经出来了,我刚刚收到来自耶路撒冷的所有材料。我将在未来几周开始写,但判决结果相当令人失望。即使法律抛弃了人们,构建出这样一种局面,即在法律上可能可行,却与现实完全不相符,在这种情况下,人们也必须伸张正义。但是这个判决并没有承认这一点。艾希曼的结语并不完全冷漠,没有任何炫耀。只是律师塞尔瓦蒂厄斯先生总让人非常气愤。他在耶路撒冷宣称,这是他见过的最公平的审判,并在德国的某次大会上宣称,这次审判中唯一的罪行是艾希曼在阿根廷被绑架。但我还没有最终定论,还没有机会仔细看。(1961年12月30日)

您说得很对,这真的就像遭遇了埋伏,《建设》①甚至

---

① 《建设》是一份德国犹太人流亡报纸,办于1934年,出于财政原因,不得不在2004年3月停止发行。——译注

拒绝刊登我的声明,您可以从这一事实中看出这场斗争的公平性①——在这个国家这是很不寻常的。同样典型的还有,向我泼脏水的人,请允许我这么描述他们,会趁着月黑风高悄悄来找我,告诉我必须继续,这是一场仇恨运动,《建设》上的系列文章简直"令人尴尬",还引起了普遍关注——所有这些人都会出现在下一期的《建设》上!太怪异了。另一方面,哥伦比亚大学的拉比邀请我向犹太学生发表演讲。② 这通常是一个非常小的圈子——大约五十名学生,尤其是在夏天!三百人的大厅里挤进了五百人,还有五百多人被警察拦在外面。我马上受到热烈的欢迎,我的演讲很简短,我们详细讨论了很长时间,他们会递上来小卡片,因为只能用这种办法。问题是匿名的。没有一张卡片不友善,哪怕是挑衅都没有!之后是长时间的掌声和最大的困难,因为有五十多个学生在结束后出现在讲台上,想要快速地了解这个或那个。这次活动非常令人愉快,一些问题非常出色,如果不是在没

---

① 后来,在1963年12月20日,《建设》刊登了阿伦特给格哈德·肖勒姆回信的节选内容。——编者注
② 讲座和讨论于7月23日进行。

关于个人作品

有空调的九十华氏度高温下进行,会更加令人愉快。或者——犹太复国主义者哈达萨,一个老熟人,我已经多年没有听到她的消息了,她写信说:回到我们身边吧(她的意思是回归犹太人的生活),我们需要你。非常感人,非常直白。不仅如此——例如,尽管本地一个犹太教堂联盟的拉比们在讲坛上公开反对我的言论,但协会的公关人员(重要工作人员)与我接洽,说他是一个兼职的演讲代理人,他问是否可以为我安排一次巡回报告,每场报告的费用是一千到一千五百美元!在希伯来教会的信纸上,他就这么很不以为然地写道。① 换句话说——整个故事几乎完全是关于有偿的工作人员的短缺,他们手中不再有很多高层次犹太人。而且只有老一辈的人参与。与德国的情况非常相似,这种情况不容忽视。

就(德国)抵抗运动而言,您(和皮珀)说得很对,我必须更详细地解释我的实际意思:有些人私下里非常担心这些罪行,但在他们为胜利而准备的官方公告中并没有

---

① 美国希伯来教会联盟公共信息主任冈瑟·劳伦斯 1963 年 7 月 24 日的信。

提到这些罪行,或者只是顺便提及,或者将其视为对德国人的罪行,在我看来,最关键的是这些人。正如这些圈子里一位非常好的先生给我写信时说的那样,如果不这么做,他们可能会冒内战的风险——这当然是真的,但为了国家,他们不准备冒这个险。更有甚者,希姆莱得到的消息是,党卫军赫尔多夫伯爵也参与其中,所以他们准备的不过是一次宫廷革命,这是事实。但在我看来,人们必须明确区分这场导致7月20日密谋案①的抵抗运动和更早期的反纳粹尝试,领导后者的是社会主义者米伦多夫及一些保守派。可以说,所有这些都在1938年之前结束了,到1936年,几乎没有任何来自民众群体的真正抵抗。个人的无组织行为则完全不同,即使他们属于某个团体。他们经常冒着真正的生命危险,在力所能及的范围内提供帮助,但这是一个人性问题,而不是政治问题。一旦从政,他们就认为不能再以"人性"或"道德"为由进行争论。而我担心,这不仅是一个为了说服将军们的战术问题(尽

---

① 即"七月密谋",是一次企图刺杀阿道夫·希特勒而发动政变的行动,于1944年7月20日由一班德国国防军军官和另外一些人展开行动。——译注

关于个人作品

管今天在他们看来可能是这样）。在我看来，人们真的只能限于为胜利而准备措施和公告。例如，戈尔德勒无疑与其他人达成了一致，他甚至不想解散国家民主党！这将是不民主的。如果我的理解无误，那么只有特莱斯科夫①的案例能有力地驳斥我的论点——我对他了解太少了。我还要再确认一下。但是，政治群体的特征就是无原则性，仅仅说他们是社会主义者、保守主义者以及坚信不疑的基督徒之间的联盟，还不能解释这一现象——好像这里有太多的异质性原则，好像人们不能达成一致。其实是因为，抵抗政权这事儿本身从未成为他们的一个原则。最后，至于他们知道多少，可能每个人都有不同的回答。但总的来说，人们可以说，他们中的大多数人本身就参与了政权，或者与重要的职能部门有相当密切的关联，以至于人们可以推测，他们知道东线屋顶上的麻雀是怎么叫的。他们是否愿意向自己承认他们所知道的事情，这是另一个问题。同样引人注目的还有，例如对波兰

---

① 特莱斯科夫（1901—1944），纳粹德国陆军少将，曾任中央集团军群参谋长等职，因多次策划刺杀希特勒而闻名，起草了"七月密谋"瓦尔基里行动计划。——译注

犹太人的灭绝并没有出现在1941年夏天的"最终解决方案"里,但这从一开始就是定局。即使那些后来因"最终解决方案"而备受良心谴责的人,包括所有人,包括德国犹太人,也从未对此有丝毫异议。每个人都认为这是理所当然的。我的意思是,每一个出现的政治人物,即使他持反对态度,即使他私下准备暗杀,他在言行上都被这场瘟疫感染了。从这个意义上说,去道德化是彻底的——唯一的例外只有那些坚决躲进避难所的人。您认为大约有十万人,我觉得这个估测很合理。如果这十万人在战败后上台,可能一切都会有所不同。(1963年8月9日)

再加上①艾希曼的丑闻,这个丑闻继续以惊人的速度发展。我在哥伦比亚的成功是一个不折不扣的胜利,让以色列政府和它所领导的犹太组织不得不加倍努力。因此,为了让我在学术界也活不下去,他们立即把恩斯特·西蒙②从耶路撒冷派到这里,在多所大学里活动,以

---

① 此前,阿伦特曾去信说她丈夫生病了。——编者注
② 恩斯特·西蒙(1899—1988),德国犹太教育家,自1928年起担任耶路撒冷希伯来大学的教育学教授。

关于个人作品

便在各大学的希勒尔组织(这是所有大学和大多数学院的犹太学生组织,由拉比领导)里宣讲来反对我。他上周在芝加哥也做了同样的事——以难以置信的谎言和最大的侵略性。当地的拉比一点也不开心——但他能做什么呢?这是纽约强加给他的,如果拒绝,他就会失去工作。新年的前几周,反诽谤联盟①(据说我没有看到)向全国所有拉比发出公开信,让他们在布道时反对我。他们没有这样做,但事情发生了!公开为我表态的人、特别是非犹太人,都会收到宣传材料和寄到家的一封信,而这封信来自以色列"总理"。或者:这里的一家大型摄影杂志社《展望》想在7月底对整个事件做一个报道,并推荐了一位知名的非犹太记者。出版商和《纽约客》都认为我应该接受采访(在一定条件下回答书面问题),这一行为是绝对公平的。而到了采访日,他们已经换了一个完全不同的记者,一名犹太人,他只采访那些已经反对过我的人,并给我发了一份问卷,其中的问题都已经预设了答案。

---

① 1913年在纽约成立的一个联盟,主要是为了打击反犹主义,但也主张所有公民的平等权利。

我还是回答了问题。① 但后来出版社和《纽约客》都说,更明智的做法是一开始就不参与。在我看来,犹太组织在得知《展望》的意图后肯定进行了干预,这是不容置疑的。这些只是几个例子,我还能说出很多。这是一个典型的名誉谋杀案,手法总是一样的:一个人声称我说了一些我从未说过的话,以阻止人们发现我真说过什么。目前,德语版被描绘成巨大的危险,因为我将为德国人开脱罪责——言下之意:赔款岌岌可危!

这样的运动有很大的影响力。总是有很多人只是在等待与某样东西合为一体——支持或反对——此外,不管人们出于什么原因"反对我",现在他们每个人都可以通过组织得到机会。因此,各家报纸(如《纽约时报》)在选择本书的书评人时找我攻击过的人(如穆斯马诺)或攻击过我的人,所有的期刊也是这样,它们的老板是犹太

---

① 提问者是著名记者塞缪尔·格拉夫顿。他 1963 年 9 月 19 日写给阿伦特的信和几页写有阿伦特回答的草稿保存在国会图书馆的遗物中。也可参考其子安东尼·格拉夫顿的回忆录,见 Gary Smith (Hrsg.), *Hannah Arendt Revisited* (Frankfurt/M : Suhrkamp), 2000, S. 57 - 77。

人，而且通过组织就能找上它们。这可以通过许多方式进行。那些毕生从未关心过犹太事务的犹太文学家被推举为"专家"。那些支持我的人寄来私人信件——他们不敢再公开。他们这么做也是有道理的，这非常危险，因为谁胆敢开口，马上就有组织严密的暴徒群起而攻之。毕竟，每个人都相信所有人相信的东西——我们在生活中经常经历这种情况。关于塔楼守卫的古老故事：他发出错误的信息——敌人来了；最后他还会跑向城墙击退他们。这个故事一如既往地真实。

您说我就像中了埋伏。这绝对是真的。每件事情过后都被证明是一个陷阱。比如我与肖勒姆的通信，我还满怀信任地回复他——然后他走出家门，把这整个卑鄙的故事挂在大钟上，就是《苏黎世报》和《邂逅》(Encounter)。在我看来，这种做法无非是为了感染那些还没有被谎言传染的阶层。而每个人都参与其中。我对此无能为力。肖勒姆想在各地发表，我自然而然地推测，会在《特拉维夫报》上发表，这对我来说似乎无害。他起初也是这样做的，但后来他利用所有的关系，对此大肆宣扬。

我几乎什么都做不了,至少没有什么是有效的。他们很清楚,我不能起诉,因为这会毁了我,而且他们有巨额的金钱和组织资源,能轻松赢得诉讼。下周我将在校园发表演讲——这只会导致此事以双倍的速度继续发酵。如果我想驳斥每一个谎言,我就没有别的事可做了,我还需要一个研究指挥部和几位女秘书。不仅如此,我个人并不能胜任这项工作。这不仅是神经的问题,也不只是因为我既要担心这件事,又要操心海因里希,这种叠加会使我瘫痪。我无法像这样在公共场合现身,原因就是对这种景象的厌恶在我这里压倒了其他一切。

最后的问题是,为什么犹太"体制"对此事格外感兴趣,为什么它要投入如此巨大的成本。答案似乎是,犹太领导层(建国前的犹太事务局)的污点比任何人怀疑的都多——但无论如何我对此不太了解。……同样典型的还有,我寄出的信和寄给我的信都没有经过以色列的审查:它们根本就没有寄到以色列!只有确定的那些人——希伯来大学等——和我的家人在收信前要通过信件审查。

众所周知,祸不单行,所以我现在因为翻译在皮珀出版社那里也遭遇了困难。……

亲爱的最尊敬的,您肯定能理解我为何迟疑这么久才写信。我为什么要给您二位带去负担?但在我看来,我要写就必须如实讲述。我对别人不会这样,我想我具备一半的能力,完全可以维持表面上的样子。我开设我的讲座课,有很多学生,一切从外面看来都很正常。毕竟您相信,我们相信,真相终究会大白于天下。但这是一种信念。而一个人是否能挺过去,这个问题并不取决于他。
(1963年10月20日,芝加哥)

艾希曼事件继续发酵。我又给您寄来一些英文简报,其中一些也是被操纵的——幕后主使可能是(雅各布·L.)塔尔蒙(希伯来大学),也可能是以赛亚·伯林,他与以色列政府关系密切。我在校园里发表演讲,取得了非常好的效果。听众比哥伦比亚大学的学生还要多,因为很多人进不去,所以演讲被录了下来,晚上拉比在希勒尔组织的活动场所又播放了几遍。拉比说,(恩斯特)西蒙在第二天早上向他道歉;他没有取得多大成功,学生们都相当震惊和厌恶。当然,校园里唯一的煽动者是利奥·施特劳斯,他无论如何都会这样做。奇怪的是,我的声誉在大学里反而上升了。目前在纽约发生的事情也更多地发生在小圈子里,但在那儿就像面对嚎叫的暴徒。严重的是,现在所有非犹太人都站在我这边,而没有任何犹太人敢在公开场合为我出头,即使他绝对支持我。(罗伯特)洛威尔近期到访并告知我此事,他是一位非常知名的美国诗人和我的好友。他不是犹太人,我认识他多年,第一次从他那里听到对犹太人的批评言论。

您说:"这有一种非常根深蒂固的致命的被击中感。犹太教本身也有某些东西受到了冲击。"这绝对是事实。本地的以色列领事在这里听过我的讲座,事后他找到我谈了几个小时。他一直说:您说的当然都是真的,我们知道。但作为一个犹太人,您怎么能"在充满敌意的环境中"这样说呢? 我说:据我所知,我并没有生活在这样的敌对环境中。他说:您知道的,所有非犹太人的环境都是敌视我们的。他说我提到了犹太人和非犹太人的二分法,这是不可原谅的,而我忽略了这一点,更是不可原谅。因为希特勒和奥斯威辛集中营,古老的人类公愤(odium humani generis)和可怕的古老恐惧再次蔓延开来。(1963 年 11 月 24 日,芝加哥)

关于个人作品

至于我,大学拯救了我。无论我走到哪里——上周是耶鲁大学法学院,这周是附近的一所学院,等等——我都受到了热烈欢迎。我们不得不加快平装本的发行,因为学生群体和课程参考资料的需求非常大。此外,国家艺术文学研究所,一个在这里声望很高的法国研究所,已经推荐我为成员,这通常不会发生在我这样的人身上:不是科学家,只是艺术家和纯作家。当然,我纯粹是故意这样说的(希望您知道这是什么意思,不然就让格特鲁德来解释)。(1964 年 2 月 19 日)

现在还有一件事:我按照皮珀的要求,为《艾希曼》的德文版写了一篇序言。我要求他给您寄一份影印件。我总是给您带来这些负担,太可怕了——但我真的需要您的建议。在我看来,几周前,在 3 月的一封信中,您似乎也在犹豫——您说"我感到不安"——如果提到名字的话。如果您不同意,我们仍然可以把您隐去。戈洛·曼这种人会说什么,我真的完全不在乎。在过去的一年里,我的皮肤厚得连大象都要肃然起敬。(1964 年 4 月 20 日)

《艾希曼》序言：您说的都是对的，但我要先设立目标才能让它井井有条，今天我还在给皮珀写信讨论这个。有趣的是，"责任"这个词在我的脑海中根本没有出现。我非常、非常感谢您如此细致的阅读，提出如此精确的建议。我写书时有些不耐烦。我也曾经注意到，它会渐渐消失，但这经常发生在我身上。[1]（1964年5月14日）

顺便说一下，皮珀总是让我恼火。……现在他突然只想出版《艾希曼》的平装本——上帝知道为什么。我当然不同意。在这之前，他给我发了一份律师备忘录，因为可能会面临诉讼。他要求这样做是完全合乎规定的。但您应该看看这份备忘录：在这份文件的好多页中，作者都表示担忧，（艾希曼特遣队）那些收押在德国监狱、被定罪的纳粹罪犯可能会觉得自己的"声誉"受到了侮辱。绝对精彩，而且这份文件的作者明确无误地同情纳粹——但

---

[1] 《艾希曼在耶路撒冷》德文《序言》的最终版本与该书英文版（1964年）第二版添加的《后记》基本相同。——编者注

关于个人作品

那里没有人注意到!我几乎怀疑他自己的出版社里就有这样的人,当然他并不知情。但这份备忘录根本没有明确目标,而是混乱的。后来,他们其实根本没有修改任何东西(我只有拼版的校对稿),估计纯粹是因为他们太懒了。(1964年7月23日)

首先,我为您附上反诽谤联盟①的材料,该联盟实际上领导了这里的运动,并与犹太组织达成了协议和合作。我还附上了亨利·施瓦茨希尔德的信,我的内部备忘录要归功于他,他给我寄材料时给我写了信,我的回信也给您附上了。亨利·施瓦茨希尔德这个名字要保密。反正他们现在已经把他赶出去了,但我不希望他再被提及。其次,我给您寄去西格弗里德·摩西②的两封信,他曾是

---

① 两份反诽谤联盟的内部备忘录,日期为1963年3月11日和27日,为打击阿伦特的《艾希曼》一书提供了指导方针和材料。
② 西格弗里德·摩西(1887—1974),德国犹太复国主义者,1936年起在巴勒斯坦,1949—1961年,任以色列国财政部部长。——随信附上了他1963年3月7日和24日给阿伦特的信,其中他提到犹太人对阿伦特在《纽约客》上发表的关于艾希曼的文章极为愤慨。(1962年,阿伦特曾为摩西七十五岁生日的庆祝文集撰文。——编者注)

耶路撒冷高级公务员,现已退休,也是贝克研究所和德国犹太人联合会的主席,这个联合会的总部设在纽约、伦敦和耶路撒冷。如您所见,摩西是我的老熟人;3月24日的信提到了我在巴塞尔与他的一次长谈。他请求我将后来的犹太理事会与战前的救济工作更准确地划分开来。我附上了相应的解释——第35页:括号内。第三,我寄给您一份犹太中心演讲局的通告,您从中可以看到穆斯马诺和犹太组织之间的密切"合作"。最后,我寄给您一份来自《建设》的剪报①和我的答复,《建设》从未刊出过。针对同一篇文章,《建设》还收到了其他读者的来信,他们相当尖锐地攻击了迈先生的观点,《建设》也没有刊登这些信件。最后的最后,我没给您寄去(吉迪恩)豪斯纳1963年5月访问纽约时报纸上的简讯②,因为我没有在杂乱的文件中找到它。这则简讯明确指出,豪斯纳先生是因为《艾希曼》一书的出版而到访美国的。我记得它是在《每日新闻》上,但我可能搞错了。

---

① 《建设》,1963年7月26日,作者是库尔特·迈。
② 见1963年5月20日《纽约时报》关于吉迪恩·豪斯纳访问纽约的报道。——编者注

宁芬堡出版社在摩西的鼓动下印发了反对《艾希曼》的传单，我想我们已经谈过此事了。① 我也刚刚收到迈克尔·弗罗因德（基尔的历史学家）的一封信，我从中推断出，他们很可能已经把传单发给了所有可能感兴趣的人。

我刚刚给出版商打电话，询问书店进行抵制的情况，值得一提。他们告诉书店的代表，他们不想推销这本书——这是很不寻常的事情。（1964年9月29日）

---

① F. A. Krummacher (Hrsg.), *Die Kontroverse: Hannah Arendt, Eichmann und die Juden*, München: Nymphenburger, 1964.

关于生活主题

现实

人们必须在善与恶中保持对真实的忠诚,所有对真理的热爱都来源于此,所有对生而为人的感激也来源于此。(1965年6月11日)

文人问题

我非常好奇您对文人问题的看法。不幸的是,这也是一个特别犹太的问题,当然,这只是偶然。我从来没有

关于生活主题

读过伏尔泰。您说过,他是最卑鄙的。当然,但在我看来,最让人困惑的是这里的精神,而且从某种意义上说,真正的精神是直接从脏污中产生的。即使在年轻的时候,我也经常问自己:我和这些人有什么共同之处? 我们就和埃尔娜或我的好朋友埃斯特相比吧,我和她们的共同之处要远远超过那些人,我说的是事实。从纯粹的技术角度来说,在我看来,决定性的因素是"想法"。一个有些天赋的人绝对可以让自己想到所有的事情;一旦他想到了,即使是奉命思考,也会变成"我的想法"。1933年,卡尔·克劳斯曾说:"关于希特勒,我想不出任何东西。"[1]这对一个文人来说是一句伟大的话语。我有时会引用它来表达以下观点:如果犹太人得到应允,他们当然也很可能参与一体化。谁可能拒绝一体化,这怎么说得准呢? 现在知道是谁了吧? 即使卡尔·克劳斯不是犹太人,他也不会顺从一体化。但阿多诺肯定会拒绝参与——他也试图这样做了,因为他有一半犹太血统,但不

---

[1] Karl Kraus, »Die Dritte Walpurgisnacht«, in ders., *Werke* (hrsg. von H. Fischer) Bd.1, 3. Aufl., München 1965, S. 9. 克劳斯说:"关于希特勒,我想不出任何东西。"

幸的是并未奏效。让我觉得可怕的是对现实的疏离,即人们只顾想法,却忽略了现实的一切。(1965年4月13日)

反犹主义

关于反犹主义,下次再谈。要区分两种反犹主义:一种是现代民族国家的反犹主义(从德国的解放战争开始,到法国的德雷福斯案件结束),这种反犹主义产生的缘由在于,犹太人是一个对国家机器特别有用并受其特别保护的群体,导致民众中任何与国家机器发生冲突的群体都成为反犹主义者;另一种是帝国主义时代的反犹主义(始于20世纪80年代),这从一开始就是国际联合的组织。至于犹太人被仇视两千年的历史,基本上是基于犹太民族被选中的说法。这段历史——就像所有犹太历史一样——除了少数较大的例外,其他部分在历史的书写中都是被伪造的,这非常不幸,从犹太方面来说是永远受迫害的历史,从反犹方面来说是魔鬼的历史,所以人们必须以某种方式修正所有的结果。(1946年8月17日)

关于生活主题

移居国外

我对波尔诺①的死一无所知,只知道他父亲的死。他来自柯尼斯堡,所以我很了解他。当您把他介绍给我时,我和他详谈了很久。他靠着法国护照在法国乡下的某处定居。是的,就是这样;一个错误的举动,一次错误的判断,然后他就迷失了。也许他只是累了,不想再继续下去,不想再进入完全陌生的环境、完全陌生的语言和无法避免的贫穷,而这种贫穷往往——尤其是在最开始的时候——近乎痛苦,非常令人厌恶。这种疲惫感是我们最大的危险,它通常还伴随着对炫耀的抵触,不愿意将所有的精力都专注在这点生命上,别无其他。它还杀死了我们在巴黎最好的朋友瓦尔特·本雅明,他于1940年10月在西班牙边境自杀,口袋里装着他的美国签证。当时人人为己(sauve qui peut)的氛围是可怕的,自杀是唯一高尚的姿态——如果一个人还关心如何让自己高尚赴死

---

① 汉斯·波尔诺,雅斯贝尔斯的《笛卡尔》一书的法文译者。

的话。在我们的时代,如果不想被自杀所诱惑,一定要非常痛恨谋杀才行。(1946年5月30日,致格特鲁德·雅斯贝尔斯)

英雄主义

您写到了仍在抵抗的法国人,我感到非常高兴。是的,我知道那里真的还有这种人存在;当然他们是正在消失的少数群体,但他们仍然在那里,关键是他们仍然准备冒着生命危险战斗。不幸的是,我们已经习惯于认为只有我们的敌人才准备冒生命危险;这不是出于某种英雄主义,而是因为某一种现代类型的人只要自己有机会杀人,就乐于承担被谋杀的风险。毕竟,一个人如果仇恨生活,就很容易成为"英雄"。(1946年11月11日)

邪恶——打破传统

您问"耶和华是不是消失太久了",这个问题几周以来一直困扰着我,而我不知道答案。可能就跟我最后一章中的希冀一样渺茫。① 就我个人而言，我以一种（孩童般的？因为从未质疑过）对上帝的信任（与信仰相反，信仰的人总是相信自己知道，因此会陷入怀疑和悖论）勉强度日，而且过得挺糟糕（实际上勉强多于糟糕）。这样一来就很自然了，人们除了让自己快乐，还能做什么呢？所有的传统宗教，无论是犹太教还是基督教，对我来说都毫无意义。我也不相信它们依旧能在某个地方，或以某种方式为类似法律的直接政治性的东西提供基础。事实证明，恶比人们预见得更加激进。从表面上看，十诫没有预见到现代犯罪。或者说，西方的传统受到一种偏见的影响，即人类能做的最邪恶的事来自利己主义的恶习；而我们知道，极端的或激进的恶与这种人类可理解的、罪恶的动机完全无关。激进的恶到底是什么，我不知道，但在我看来，它似乎与以下现象有关：让人作为人过度流动（不是将人作为手段——这不会影响人性，只会侵犯人的尊

---

① 指《极权主义的起源》第一版《结语》的最后几句话："为了那些被排除在人类和人类历史之外，从而被剥夺了人类生存条件的人，他们需要所有人的团结，以确保他们在'人类永恒的编年史'中拥有应得的地位。至少我们可以向每一个正处于绝望中的人喊出：'不要伤害自己；我们都在这里。'（《使徒行传》，16:28）"

严——而是让作为人的人变得多余）。人因为其自发性而具有不可预测性，一旦人们排除了所有这些不可预测性，那么就会出现上述情况。而这一切反过来又源于或者说关系到人对全能（不只是对权力上瘾）的错觉。如果人作为人是全能的，那么确实很难理解为什么人应该存在——就像在一神论中，只有上帝的全能让上帝成为唯一。在这个意义上，人的全能使人成为多余。（在我看来，尼采与此完全没有关系，霍布斯也与此无关。权力意志永远只想变得更强大，原则上一直保持在这种比较级的状态中，这种比较级仍然尊重人作为人的极限，永远不会渗透到最高级的妄想中。）

现在我怀疑，哲学在这场混乱中并非完全无辜。当然不是说希特勒与柏拉图有什么关系。（我也曾费了很大精力找出极权主义政府形式的要素，以帮助从柏拉图到尼采的西方传统洗脱嫌疑。）但在这个意义上，这种西方哲学可能从未有过一个关于政治的纯粹概念，也不可能有，因为它必然谈到人，也要涉及多元性这一事实。但我不应该写这些的，这完全是半吊子。请原谅我。（1951年3月4日）

年龄和死亡

年龄越大,在和不完全同阶层的人同居时就越难感到舒适。突然间,我说的每一句话都是违心的,而对这种精神状态,我却无能为力。(1949年1月28日)

您提到"当一个人恰巧准备好开始的时候",把这件事写得如此美妙——这让我非常高兴。诸神让他们的宠儿英年早逝,这仍然是事实,但不是字面上的意思,而是指神明不会赐予他们"年老厌世"作为慰藉他们老年的奖赏。诸神暧昧而讽刺的礼物是:死亡仍必须找到它可以毁灭的东西,这样它才能保持年轻时的样子。这样一来,人们就不会像犹太族长那样任凭死亡生长,直到族长们把它挂在嘴边,就像无花果树上成熟的果实,他们坐在树下等待死亡。只要还活着,人们就必须为活着付出这个代价;终究要分离的是死亡,而不是生活造成的负担。(1951年9月28日)

变老的最大好处之一是,人们终于获得了合规的舒适权。现在,只要和年轻人打交道,我就开始行使这项权利,我带着最大的愉悦感向他们介绍我的白发。(1953年11月15日)

您没有写年老的辉煌,或许也是不能写的,尽管人们应该是知道的,但不完全相信。我在您二位身上一次又一次看到了这一点。它是如此罕见,但当它存在时,它就像生命的皇冠。而且很肯定的是,只有当人们携手老去时,它才有可能存在,这一点是美妙的。(1958年2月18日)

7月12日到您处。我的第一个计划是试图说服您,您对年老的看法是错误的。①(现在您的妻子说:"这个

---

① 阿伦特指的是雅斯贝尔斯上一封信中的一段话,在他七十五岁生日(1958年3月5日)后写的。他说:"庆祝活动也与七十岁生日不同。一个人不能重复。只有一个老年生日,那就是七十岁。对于经历过八十岁的人来说,八十岁是一个安静的后来者,因为他几乎已经不存在了,对于这个世界而言,他最多是一个记忆。毕竟,《圣经》说:'我们一生的年日是七十岁……'这是一个定性的,而不是定量的声明。你与这四分之三个世纪的迷人游戏源于你不可抑制的倾向,即以最美丽的方式为你的朋友设定正确的东西。"——编者注

汉娜变得叛逆了。")《圣经》中的经文虽然是真实的,但从纯粹的事实来看,一切都推迟了大约十年——想想那些八旬老人,他们现在比三十年前的七旬老人都要活跃。此外,人们在这些事上不应该有任何偏见,而是应该照单全收。他们不曾有变化,不仅保持了所谓的精神新鲜感,还有他们的接受能力、他们的警觉性、他们对世界的开放态度。这不是"调整",而是事实如此。(1958年3月16日)

如果没有年轻时的疾病干扰,一个人在与他相关的其他人死亡时,通常也在准备着他自己的死亡,就像世界,或者说一个人自己的那一小块世界正在慢慢死去,从人的角度,而非"存在"的角度来看,的确是这样。(1962年2月19日)

版权来源

第一部分的第四篇和第五篇由乌苏拉·卢茨从美国版本翻译过来。

第一部分的第二篇经蒂洛·科赫的友好授权再版。

第一部分的第三篇经君特·高斯的友好授权再版。

第一部分的第五篇经法国国家视听学院、罗杰·埃雷拉和克劳德·吕伯康斯基的许可转载。

其他文本是在征得洛特·科勒和汉娜·阿伦特·布吕赫文学信托的同意后再版的。

版本见前文标注。

人名对照表

A

阿德勒-鲁德尔,萨洛蒙　　　Adler-Rudel, Salomon

阿多诺,西奥多·W.　　　　Adorno, W. Theodor

阿奎那,托马斯　　　　　　Aquinas, Thomas

阿伦特,保罗　　　　　　　Arendt, Paul

阿伦特,马克斯　　　　　　Arendt, Max

阿伦特,乔汉娜　　　　　　Arendt, Johanna

阿什顿　　　　　　　　　　Ashton

埃雷拉,罗杰　　　　　　　Errera, Roger

埃利希曼,约翰·D.	Ehrlichman, John D.
埃斯特	Esther
艾希曼,阿道夫	Eichmann, Adolf
奥登,威斯坦·休	Auden, Wystan Hugh
奥尔斯基,凯特	Olschki, Kate
奥尔斯基,莱昂纳多	Olschki, Leonardo
奥古斯丁	Augustin

B

巴伦,萨洛·W.	Baron, Salo W.
巴纳德,F. M.	Barnard, F. M.
邦迪,弗朗索瓦	Bondy, François
鲍曼,马丁	Bormann, Martin
贝,克里斯蒂安	Bay, Christian
贝尔德,乔治	Baird, George
贝克,利奥	Baeck, Leo
贝拉特,洛特	Beradt, Lotte
贝文,欧内斯特	Bevin, Ernest

本-古里安,戴维	Ben-Gurion, David
本雅明,瓦尔特	Benjamin, Walter
毕达哥拉斯	Pythagoras
比尔瓦尔德,克拉拉	Beerwald, Clara
比尔瓦尔德,马丁	Beerwald, Martin
比尔瓦尔德,伊娃	Beerwald, Eva
庇护十二世	Pius XII
伯恩斯坦,爱德华	Bernstein, Eduard
伯恩斯坦,理查德	Bernstein, Richard
波尔诺,汉斯	Pollnow, Hans
柏克,埃德蒙	Burke, Edmund
柏拉图	Plato
伯林,以赛亚	Berlin, Isaiah
布尔特曼,鲁道夫	Bultmann, Rudolf
布科夫策,曼弗雷德	Bukofzer, Manfred
布莱希特,贝尔托特	Brecht, Bertolt
布卢门菲尔德,库尔特	Blumenfeld, Kurt
布吕赫,海因里希	Blücher, Heinrich
布罗德沃特,鲍登	Broadwater, Bowden

布洛赫,赫尔曼	Broch, Hermann
布洛赫,约瑟夫	Bloch, Joseph

D

达拉第,爱德华	Daladier, Edouard
道格拉斯,威廉	Douglas, William
德尔布吕克,汉斯	Delbrück, Hans
德拉诺斯,斯坦·施皮罗斯	Draenos, Stan Spyros
德雷福斯	Dreyfus
迪贝利乌斯	Dibelius
迪尔,汉斯-彼得	Dürr, Hans-Peter
蒂利希,保罗·J.	Tillich, Paul J.
迪内森,伊萨克	Dinesen, Isak
迪斯雷利,本杰明	Disraeli, Benjamin

E

恩格斯	Engels

F

菲尔斯特	Fürst
芬克尔施泰因,路易斯	Finkelstein, Louis
冯·米尔登斯坦,利奥波德	von Mildenstein, Leopold
冯姆·拉特,恩斯特	vom Rath, Ernst
富布赖特	Fulbright
伏尔泰	Voltaire
弗里德兰德	Friedländer
弗里德曼,乔治	Friedman, Georges
弗洛伊德,西格蒙德	Freud, Sigmund
弗罗因德,迈克尔	Freund, Michael

G

G.,赫舍尔	G., Herschel
高斯,君特	Gaus, Günter
高斯,克里斯蒂安	Gauss, Christian

格奥尔格,斯特凡	George, Stefan
戈宾诺,约瑟夫·阿瑟	Gobineau, Joseph Arthur
戈尔德勒	Goerdeler
格拉夫顿,安东尼	Grafton, Anthony
格拉夫顿,塞缪尔	Grafton, Samuel
格雷,J. 格伦	Gray, J. Glenn
格林斯潘,青德尔	Grynszpan, Zindel
格斯坦,迈克尔	Gerstein, Michael
龚本第	Cohn-Bendit
古里安,沃尔德马	Gurian, Waldemar

H

哈达萨	Hadassah
哈雷维	Halevi
哈林顿,詹姆斯	Harrington, James
哈曼	Haman
海德格尔,马丁	Heidegger, Martin
海涅,海因里希	Heine, Heinrich

汉密尔顿　　　　　　　　　　　　Hamilton

豪斯纳,吉迪恩　　　　　　　　　Hausner, Gideon

赫茨尔,特奥多尔　　　　　　　　Herzl, Theodor

赫尔德　　　　　　　　　　　　　Herder

赫尔多夫　　　　　　　　　　　　Helldorf

荷马　　　　　　　　　　　　　　Homer

赫兹伯格,阿瑟　　　　　　　　　Hertzberg, Arthur

黑格尔　　　　　　　　　　　　　Hegel

黑希特,小威廉·C.　　　　　　　Hecht, William C., Jr.

胡塞尔　　　　　　　　　　　　　Husserl

华莱士　　　　　　　　　　　　　Wallace

霍布斯　　　　　　　　　　　　　Hobbes

霍弗,埃里克　　　　　　　　　　Hoffer, Eric

霍赫胡特,罗尔夫　　　　　　　　Hochhuth, Rolf

J

吉尔伯特,罗伯特　　　　　　　　Gilbert, Robert

基辛格　　　　　　　　　　　　　Kissinger

贾雷尔,兰德尔	Jarrell, Randall
加图	Cato
杰斐逊	Jefferson
金,马丁·路德	King, Martin Luther

K

卡夫卡,弗兰兹	Kafka, Franz
卡津,阿尔弗雷德	Kazin, Alfred
卡利古拉	Caligula
卡诺万,玛格丽特	Canovan, Margaret
卡斯特纳,鲁道夫	Kastner, Rudolf
康德	Kant
考茨基	Kautsky
科恩,杰罗姆	Kohn, Jerome
科恩,玛莎	Cohn, Martha
克尔凯郭尔	Kierkegaard
科贡,尤金	Kogon, Eugen
科赫,蒂洛	Koch, Thilo

克劳斯,卡尔　　　　　　　　　Kraus, Karl

科勒,洛特　　　　　　　　　　Köhler, Lotte

柯瓦雷,亚历山大　　　　　　　Koyré, Alexandre

肯尼迪,罗伯特　　　　　　　　Kennedy, Robert

肯尼迪,约翰·F.　　　　　　　Kennedy, John F.

L

腊斯克,迪安　　　　　　　　　Rusk, Dean

拉特瑙,瓦尔特　　　　　　　　Rathenau, Walther

拉扎尔,B.　　　　　　　　　　Lazare, B.

莱维,爱德华　　　　　　　　　Levi, Edward

莱辛　　　　　　　　　　　　　Lessing

兰道,摩西　　　　　　　　　　Landau, Mosche

劳伦斯,冈瑟　　　　　　　　　Lawrence, Gunther

雷根博根　　　　　　　　　　　Regenbogen

理查三世　　　　　　　　　　　Richard Ⅲ

卢森堡,罗莎　　　　　　　　　Luxemburg, Rosa

卢梭　　　　　　　　　　　　　Rousseau

吕伯康斯基,让-克劳德	Lubtchansky, Jean-Claude
罗森,平哈斯·F.	Rosen, Pinhas F.
罗斯托	Rostow
洛威尔,罗伯特	Lowell, Robert

M

马格内斯,朱达·莱昂	Magnes, Judah Leon
马基雅维利	Machiavelli
马克思,卡尔	Marx, Karl
马斯曼,梅丽塔	Maschmann, Melitta
马歇尔,詹姆斯	Marshall, James
迈,库尔特	May, Kurt
麦迪逊	Madison
麦弗逊,C. B.	Macpherson, C.B.
麦卡锡,玛丽	McCarthy, Mary
麦克纳马拉	McNamara
曼,戈洛	Mann, Golo
梅尔,戈尔达	Meir, Golda

门德尔松	Mendelssohn
孟德斯鸠	Montesquieu
蒙田	Montaigne
米拉波	Mirabeau
米伦多夫	Mierendorff
莫尔勒,埃尔娜	Möhrle, Erna
摩根索,汉斯	Morgenthau, Hans
摩西,西格弗里德	Moses, Siegfried
穆勒,约翰·斯图亚特	Mill, John Stuart
穆勒,詹姆斯	Mill, James
穆斯马诺	Musmanno

N

内特尔	Nettl
尼采	Nietzsche
尼克松	Nixon
尼禄	Nero
纽曼,伦道夫·H.	Newman, Randolph H.

P

| 帕切利 | Pacelli |
| 皮珀,克劳斯 | Piper, Klaus |

Q

| 乔纳斯,汉斯 | Jonas, Hans |

S

萨讷,汉斯	Saner, Hans
萨森,威廉·S.	Sassen, Willem S.
塞尔瓦蒂厄斯	Servatius
施密德,卡洛	Schmid, Carlo
施密特,安东	Schmidt, Anton
施耐德,兰伯特	Schneider, Lambert
施特恩(安德斯),君特	Stern (Anders), Günther

施特恩贝格尔,道夫	Sternberger, Dolf
施特劳斯,利奥	Strauss, Leo
施瓦茨巴德,萨米埃尔	Schwarzbard, Samuel
施瓦茨希尔德,亨利	Schwarzschild, Henry
朔肯,萨尔曼	Schocken, Salman
斯宾诺莎	Spinoza
斯普林格	Springer

T

塔尔蒙,雅各布·L.	Talmon, Jacob L.
泰勒	Taylor
特莱斯科夫	Tresckow
托克维尔	Tocqueville

W

瓦恩哈根,拉赫尔	Varnhagen, Rahel
韦伯,阿尔弗雷德	Weber, Alfred

韦伯,马克斯	Weber, Max
魏尔,安	Weil, Annchen
维尔默,阿尔布莱希特	Wellmer, Albrecht
维根施泰因,洛兰特	Wiegenstein, Roland
维柯	Vico
维拉,达纳·R.	Villa, Dana R.
魏斯,泰德	Weiß, Ted
韦斯曼,艾德	Weissman, Ed
韦斯特,詹姆斯·R.	West, James R.
文特,玛丽安娜	Wendt, Marianne
沃格林,埃里克	Voegelin, Eric
伍德沃德,贝弗利	Woodward, Beverly

X

希尔,梅尔文	Hill, Melvyn
席勒	Schiller
希罗多德	Herodotus
西蒙,恩斯特	Simon, Ernst